Shoshana Brandt

Ort der Gnade, Schatzkammer oder Inferno?

Shoshana Brandt

Ort der Gnade, Schatzkammer oder Inferno?

Die Fiktionalisierung der Bibliothek im Kontext der Postmoderne

Tectum Verlag

Shoshana Brandt

Ort der Gnade, Schatzkammer oder Inferno?
Die Fiktionalisierung der Bibliothek im Kontext der Postmoderne

ISBN: 978-3-8288-2904-6

Umschlagabbildung: © www.shutterstock.com | Photosani

Printed in Germany

Besuchen Sie uns im Internet
www.tectum-verlag.de

Bibliografische Informationen der Deutschen Nationalbibliothek
Die Deutsche Nationalbibliothek verzeichnet diese Publikation in der Deutschen Nationalbibliografie; detaillierte bibliografische Angaben sind im Internet über http://dnb.ddb.de abrufbar.

„Bibliotheken faszinieren, weil sie als gesicherte Orte des Kultursammelns gelten, die Raum bieten für Vergnügungslust und Neugierde, für Wissensdurst nach Historischem und Aktuellem, für Auseinandersetzung mit fremdem Gedankengut.

Sie faszinieren, weil durch sie die Kulturlandschaft maßgeblich geprägt wird und weil sie als architektonische Realisierungen eines Kulturkonzepts maßgebend wirken.
Sie faszinieren, weil sie als Stellvertreter der analogen Speichertechnik im Zeitalter der Digitalisierung auch mehr und mehr zum Gegenstand der Kulturreflexion werden und wir ihrer kulturellen Identifikationskraft gewahr werden.

[Fiktionalisierte] Bibliotheken [...] aber faszinieren, weil sie [...] eine Erweiterung der Einbildungskraft ermöglichen und auch eine Potenzierungs- und Reflexionsmöglichkeit der Buch- und Bibliotheksidee selbst bergen. Sie sind gemäß der mise-en-abyme-Figur Mikrokosmen der Universalitätsidee; Kristallisationspunkte von Identitäts-, Wissens- und Sprachvorstellungen, die im Rahmen der Selbstreflexion in den Blickpunkt gerückt werden.“[1]

---

1 Dickhaut (2004): 16, 17. © Fink Verlag München, 2004.

Inhalt

I. Einleitung

Seitdem die Menschen die Schrift entwickelt und sich zu Nutze gemacht haben, gibt es auch Bibliotheken. Geistiges Leben wäre ohne Bibliotheken und ihre Schätze, die sie bewahren, nicht möglich.
Die Bibliothek ist die Institution, in der sich Schriftkultur, Wissen und Gedächtnis überlagern. In ihr werden die Schriften archiviert, das Wissen definiert, generiert und ausgetauscht. Bibliotheken repräsentieren das kulturelle Gedächtnis einer Nation und beeinflussen maßgeblich ihre Identität, ihre Erinnerungs- und Kommunikationskultur. Als Bewahrer und Vermittler des Schriftwissens ist die Bibliothek seit Jahrhunderten immer wieder auch zu einem literarischen Motiv geworden. Viele SchriftstellerInnen haben sich von den ‚Kathedralen des Geistes' inspirieren lassen und sie auf verschiedenen Ebenen fiktionalisiert. Als Motiv vermag die Bibliothek epochal geprägte Diskurse zu Wissen, Wissensspeicherung und Schriftkultur zu spiegeln.

Ich möchte zunächst kurz auf die zentralen Begrifflichkeiten meiner Arbeit eingehen und ihre Funktionen erläutern: Die Bibliothek im Umfeld von Historie, Kultur(-wissenschaft) und Gesellschaft. Trotz der zunehmenden Bedeutung anderer Medien[2] sind Bücher nach wie vor das charakteristische Sammelgut von Bibliotheken. Die zentralen klassischen Funktionen einer Bibliothek bestehen in der Sammlung, Erhaltung und Bereitstellung von Büchern sowie weiteren Printmedien[3]. Die Bezeichnung stammt aus dem Griechischen und ist aus den Begriffen ‚bibl(i)os' (Buch) und ‚theke' (Behältnis) zusammensetzt. Die gegenwärtige Verwendung des Begriffs basiert auf diesen beiden Bedeutungsaspekten: So meint ‚Bibliothek' die Institution, den Raum oder das Gebäude, in dem Bücher und andere Medien aufbewahrt werden sowie die Sammlung selbst. Im Folgenden ist mit der Bezeichnung ‚Bibliothek' eine in einem Raum bzw. Gebäude untergebrachte Mediensammlung gemeint.
Da Bibliotheken heute viele weitere Medienarten archivieren, agieren sie neben ihrer Funktion als Medien- und Informationssammlung auch als Dienstleistungsbetrieb in der Öffentlichkeit. Neben den Bibliotheken sind noch weitere Institutionen des öffentlichen Informationswesens zu nennen: Archive, Einrichtungen des Fachinformationswesens, Informationseinrichtungen der öffentlichen Verwaltung sowie die Museen.
Es ist die fundamentale kulturelle Funktion der Bibliothek, Schriftwissen über lange Zeiträume hinweg zu bewahren[4]. Vor allen anderen Formen der kulturellen

---

2 Mikroformen wie Mikrofilm und Mikrofiche, daneben audiovisuelle und elektronische Medien

3 Vgl. auch zu den folgenden Ausführungen Mummendey (1964): 173; Gantert, Hacker (2008): 11-16.

4 Vgl. zu den folgenden Ausführungen Stocker (1997): 76-83.

Überlieferung gilt die Bibliothek deshalb als „das Gedächtnis einer Kultur, als Gedächtnis der Menschheit“[5]. Doch speichert die Bibliothek die Schriften nicht neutral, sie selektiert und strukturiert das Wissen. In diesem Kontext ist insbesondere die veränderte Perspektive auf das Wissen seit der Moderne relevant: Aus der Erkenntnis, dass sich Wissen weder dauerhaft noch autark generieren, sondern sich nur temporär in Form von Diskursen konstituieren lässt, resultiert auch eine veränderte Wahrnehmung der Bibliothek: Fiktionale Bibliotheken wurden bereits seit dem neunzehnten Jahrhundert nur noch selten uneingeschränkt positiv „als Institution fortschrittsinitiierender Wissensverbreitung“[6] dargestellt, die „Pathographie der Entfremdung und des Identitätsverlusts durch Kultur, mithin vor allem durch die Lektüre“[7] dominiert. Die Bibliothek wird zu einem exemplarischen Raum der Möglichkeiten alternativer Sinnstiftung, ein Aspekt, der mit der postmodernen Einstellung korrespondiert, wie noch erläutert werden soll.

Jede Bibliotheksgeneration steht im Spannungsfeld der Diskurse des epochalen Bildungskontextes, der Wissensbewertung und der Formen der Wissensspeicherung. Obgleich das Motiv der Bibliothek in der Literatur des zwanzigsten Jahrhunderts eine bedeutsame Position einnimmt[8], scheint es bisher von Seiten der Literaturwissenschaft noch wenig erforscht worden zu sein[9]. In den neunziger Jahren lässt sich eine gehäufte Veröffentlichung literarischer Werke mit Bibliotheksmotivik feststellen, ein Umstand, der auf spezifische gesellschaftliche und kulturgeschichtliche Entwicklungen zurückgeführt wird, wie noch erläutert werden soll. Ich habe diese Phase, die unter starkem Einfluss postmoderner Theorie und Ästhetik steht, als Untersuchungszeitraum gewählt, um anhand der Motivik von drei exemplarischen Bibliotheksromanen spezifische thematische und ästhetische Verarbeitungsformen zu untersuchen.

Für die Analyse wählte ich die Romane *Zweiwasser oder Die Bibliothek der Gnade*[10] von Thomas Lehr, *Possession. A Romance*[11] von Antonia Byatt und *Le tentazioni di*

5 Stocker (1997): 76. Diese spezifische Gedächtnisform, die auch in der Literatur dazu dient, kultur- und identitätsstiftende Aspekte zu beschreiben, wird interdisziplinär erforscht: Die Gedächtnis- und Erinnerungsforschung wurde Anfang der neunziger Jahre (insbesondere von Jan und Aleida Assmann) als neues Paradigma der Kulturwissenschaft ausgewiesen (Vgl. Assmann (2006)).

6 Rieger (2002): 21

7 Wolfzettel (1999): 255

8 Vgl. Stocker (1997): 283

9 Bisher gibt es kaum Erwähnungen in den einschlägigen stoff-, motiv- und themengeschichtlichen Handbüchern, die Bearbeitung des Motivs von Seiten der Literaturwissenschaft scheint jedoch zuzunehmen. Erläuterungen zur konkreten Forschungslage finden sich im Forschungsbericht der Arbeit in Kapitel II.

10 Lehr (1992): Zweiwasser oder Die Bibliothek der Gnade

11 Byatt (1990): Possession. A Romance

Girolamo[12] von Ermanno Cavazzoni, da diese Werke sowohl innerhalb ihrer stilistischen Zuordnung als auch im Kontext der Bibliotheksthematik richtungsweisenden Charakter zu haben scheinen.
Es ist mein Ziel zu zeigen, auf welche spezifische Weise das Motiv in den verschiedenen Romanen imaginiert wird und welche besondere Rolle der Postmoderne, der Bibliothekshistorie und den motivgeschichtlichen Wurzeln dabei zukommt.
Im ersten Teil der Arbeit soll die Grundlage für die Analyse der Bibliotheksromane geschaffen werden: Wesentliche Thesen und Merkmale der Postmoderne werden begrifflich kurz umrissen, des Weiteren wird auf die historischen Wurzeln und die gegenwärtige Situation der Institution sowie auf die Motivgeschichte, die Metaphern- und Symbolkreise eingegangen.
Neben der Repräsentation der Institution in der empirischen Realität beziehe ich mich auf die ‚fiktionale Bibliothek', die in der Kunst – in diesem Fall in der Literatur – in Erscheinung tritt. Ich verwende in meiner Arbeit die Begrifflichkeiten ‚fiktionale', ‚fiktionalisierte' und ‚imaginierte Bibliothek' als Synonyme für einen Bibliothekstypus.

Die Darstellung der Bibliothekshistorie konzentriert sich auf wesentliche Momente in der Entwicklung sowie auf die spezifische Transformation des Bibliothekswesens im Kontext der Moderne und Postmoderne. Für die motivgeschichtliche Darstellung habe ich einen breiten Forschungsansatz gewählt, der auch die Metaphorik und die Symbolik des Sprachbildes einschließt.

Im Zentrum des zweiten Teils steht die Analyse der Primärwerke nach forschungskontextspezifischen Kriterien. Den Textanalysen vorangestellt ist jeweils eine kurze Einführung in Autor und Werk und eine Inhaltsangabe des behandelten Romans. Im Fokus der Romananalysen steht die charakteristische Motivik: Neben den empirischen Referenzen wird das metaphorisch-symbolische Kontextfeld der imaginierten Bibliothek untersucht.
Anschließend folgt die Analyse der Motivik hinsichtlich des Einflusses postmoderner Gestaltungsmittel und Diskurse, inhaltliche wie auch formale Aspekte werden dabei berücksichtigt. Die Analyse der Romane unter postmodernen Aspekten bezieht sich ausschließlich auf die Darstellung der Bibliothek, weitere postmoderne Stilmerkmale werden nicht näher untersucht.
Im dritten Teil werden die Arbeitsergebnisse verdichtet präsentiert und in Zusammenhang gebracht. Ein Fazit mit Ausblick schließt die Arbeit ab.

---

12 Cavazzoni (1991): *Le tentazioni di Girolamo* (Die Versuchungen des Hieronymus)

II. Forschungskontexte

1. Zum Forschungskontext der Postmoderne

„La risposta post-moderna al moderno consiste nel riconoscere che il passato, visto che non può essere distrutto, perché la sua distruzione porta al silenzio, deve essere rivisitato: con ironia, in modo non innocente."[13]

1.1 Zur Begrifflichkeit

Die Diskussion um Begrifflichkeit und Gegenstand der Postmoderne gilt auch heute nicht als abgeschlossen[14] – „wenn sich auch eine gewisse Ermüdung in der literaturwissenschaftlichen Diskussion andeutet"[15]. Das Spektrum der Definitionen reicht von einem ‚anything goes'[16] bis zu einer erklärten Verbindlichkeit und dem Eintreten für präzise Maßgaben[17]. Eco nennt die Postmoderne einen Passepartoutbegriff[18] und schlägt vor, jene inflationäre Extension in eine Definition mit einzubeziehen, ohne dabei eine beliebige Ausdehnung des Begriffs zu akzeptieren. Postmodernismus ist nach Eco ein „Kunstwollen"[19], das sich – die Geschichte ironisch zitierend – gegen reinen Manierismus stellt, weil es auch aus Altem Neues schaffen will.

Aus pragmatischen Gründen ist es mir an dieser Stelle nicht möglich, die zahlreichen Definitionsversuche des Postmoderne-Begriffs im Kontext der Literaturwissenschaften darzustellen. Jedoch möchte ich in Anlehnung an die Thesen Ihab Hassans[20] und Wolfgang Welschs[21] das zentrale Theorem der Postmoderne, die Pluralität, kurz erläutern und anschließend anhand von Ihab Hassans Thesen- und Merkmalskatalog[22] in die Schlüsselaspekte der Stilrichtung einführen.

---

13 Eco (1983): 529. Dt.: „Die postmoderne Antwort auf die Moderne besteht in der Einsicht und Anerkennung, dass die Vergangenheit, nachdem sie nun einmal nicht zerstört werden kann, da ihre Zerstörung zum Schweigen führt, auf neue Weise ins Auge gefasst werden muss: mit Ironie, ohne Unschuld."

14 Vgl. Degenring (2008): 7

15 Galster (2002): 43

16 Vgl. Zima (1997): 23-28; Glomb (2004): 17

17 Welsch (1997): 3

18 Vgl. Eco (1983): 528

19 Eco (1983): 528

20 Hassan (1987)

21 Welsch (1997)

22 Hassan (1987)

Nach Welsch[23] versteht sich die Postmoderne „als Verfassung radikaler Pluralität“[24]. Die Vielstimmigkeit und zum Teil auch Widersprüchlichkeit steht für ihn nicht notwendigerweise einer fruchtbaren Funktionalisierung entgegen. In seiner einflussreichen Aufsatzsammlung *The Postmodern Turn* aus dem Jahr 1987 benennt Ihab Hassan den Pluralismus ebenfalls als herausragende Eigenschaft der Postmoderne[25]. Er bezieht sich dabei auf die Koexistenz der zahlreichen Beschreibungskriterien wie Fragmentarisierung, Dekanonisierung, Tiefenlosigkeit und Hybridisierung und auf die Vielzahl unterschiedlicher Deutungen und Begriffsexplikationen.

1.2 Wesentliche Thesen

1.2.1 Realitätskonstruktion durch Sprache

Von fundamentaler Bedeutung für das postmoderne Realitätsverständnis gilt die (post-)strukturalistische Diagnose von der Relevanz der Sprache für das Bewusstsein: Sprache bildet die Wirklichkeit nicht einfach mimetisch ab, die Realität wird durch Sprache konstruiert[26].

1.2.2 Gleichwertigkeit der wissenschaftlichen Diskurse

Folgt man der Feststellung, dass alle Welterklärungsmodelle sprachlich vermittelt werden, so lässt sich zwischen den wissenschaftlichen Diskursen keine Hierarchie mehr aufstellen. So besitzen naturwissenschaftliche Diskurse demnach kein größeres epistemologisches Potenzial als literarische Diskurse. Da sich alle Diskurse der narrativen Technik bedienen, ist folglich die Trennung von Fakt und Fiktion zu problematisieren[27]: Es existiert kein zugängliches Außerhalb der Texte mehr, die sprachliche Verfasstheit der Wirklichkeit wird als allgemeingültig betrachtet.

1.2.3 Das Ende der ‚Grands Récits‘

Jean François Lyotard stellte in seinem Werk *La condition postmoderne* 1979 die Abkehr von den sinnstiftenden ‚großen Erzählungen‘ der Religionen und der Wissenschaften fest[28]. Somit verschiebt sich der Fokus vom Denken absoluter, allgemeingültiger Wahrheit in Richtung lokal produzierter Wahrheiten, die „nur innerhalb eines bestimmten Diskurssystems und Machtgefüges Wahrheitsanspruch

---

23 Welsch (1997)

24 Welsch (1997): 4

25 Vgl. Hassan (1987): 167

26 Vgl. dazu u.a.: Galster (2002): 47; Zima (1997): 3, 4

27 Vgl. Galster (2002): 47

28 Vgl. Nünning (2004): 543

erheben“[29]. Die Postmoderne führt demnach den bereits in der Moderne angelegten Bruch mit der aufklärerischen Intention einer absoluten Erfassung und Erklärung der Welt fort, umfassende Metaerzählungen mit Absolutheitsanspruch werden als ungültig erkannt.

1.2.4 Geschichte und Geschichtsschreibung: Historiographische Metafiktionen

Wahrheit, Bedeutungs- und Sinnstiftung sind immer kontextgebunden und unterliegen, wie auch die Sprache selbst, historischen Veränderungsprozessen[30].
Aus dieser historischen Bedingtheit der Diskurse ergibt sich ein weiteres Schlüsselelement der postmodernen Literatur: Die Auseinandersetzung mit der Geschichte und der Geschichtsschreibung sowie die Thematisierung des Verhältnisses von Historiographie und Literatur. Die Verknüpfung von Selbstreflexivität und historischer Dimension scheint hier besonders geeignet dafür zu sein, die sprachliche Verfasstheit von Wirklichkeit zu beleuchten[31].

1.2.5 Veränderte Wahrnehmung des Selbst

Die Vorstellung eines autonomen und stabilen Selbst wird in der Postmoderne ersetzt durch die Konstruktion eines „provisorischen Selbst, dessen Identität durch äußere und innere Faktoren bestimmt wird und sich fortwährend verändert“[32]. Das ‚Ich‘ erscheint flüchtig und fragmentarisch[33]:

> „Die ‚persönliche Identität‘ einer individuellen Lebensgeschichte ist keine solche (oder reduziert sich nicht auf eine solche) von lückenlos verzahnten objektiven Tatsachen; Sie ist eine der kontinuierlichen Selbstdeutung, in deren Licht jene vermeintlich objektiven Tatsachen die Qualität, diese oder jene zu sein, zuallererst erwerben.“[34]

1.2.6 Die besondere Rolle der Literatur als interdiskursiver Reflexionsraum

In der postmodernen Literatur sind literarische Metaebene und kulturelle Objektebene in besonderer Weise miteinander verbunden[35]. Sie bietet einen Raum, in dem sich die verschiedensten Diskurse wechselseitig durchdringen können statt sich zu verdrängen, da sie ihrer Objektebene enthoben sind. Literatur gilt hier als interdis-

---

29 Galster (2002): 47

30 Vgl. Galster (2002): 47

31 Vgl. Kotte (2001): 38-46

32 Galster (2002): 47

33 Vgl. Glomb (2004): 20-26

34 Frank (1986): 129, 130

35 Vgl. Glomb (2004): 51

kursiver Reflexionsraum und Experimentierfeld gegenüber anderen Diskursen sogar als besonders geeignet, ohne jedoch daraus eine Leitfunktion für sich abzuleiten[36].

1.3 Wesentliche Merkmale[37]

Ihab Hassan[38] stellt zehn charakteristische korrelierende Elemente der postmodernen Ästhetik vor, die ich im Folgenden kurz erläutern möchte[39].

1.3.1 Indeterminancy

Die fundamentale Eigenschaft der Postmoderne ist nach Hassan die Unbestimmtheit. Gemeint sind alle Arten von Ambiguität, von Brüchen und Verschiebungen, die das Wissen und die Gesellschaft beeinflussen. Unbestimmtheiten, so Hassan, durchdringen unsere Handlungen, Ideen und Interpretationen, sie konstruieren unsere Welt.

1.3.2 Fragmentation

Fragmentarisierung ist sowohl ein Effekt als auch die Folge von Unbestimmtheit. „The Postmodernist only disconnects; fragments are all he pretends to trust."[40] Die Fragmentarisierung spielt eine große Rolle in der postmodernen Literatur. Sie ist eine Konsequenz der Abkehr von den Metaerzählungen und von ihrem Anspruch auf Allgemeingültigkeit und zeigt sich in der Montage und der Collage und in einer Hinwendung zum Paradoxen. In diesem Sinne ist auch Lyotards folgende Aussage zu verstehen: „Let us wage war on totality; let us be witnesses to the unrepresentable; let us activate the differences and save the honor of the name."[41]

1.3.3 Decanonization

Der Aspekt der Entkanonisierung bezieht sich auf alle hierarchischen Ordnungssysteme, ja auf alle konventionellen Autoritäten. Anstelle der totalisierenden Metaerzählung stehen unterschiedliche kleine Erzählungen nebeneinander. Kulturelle Kanons werden aufgelöst, Wissen entmystifiziert und die Macht der Sprache dekonstruiert. Es herrscht ein narrativer Pluralismus, in ihrer Fragmentarität wird

---

36 Vgl. Glomb (2004): 52

37 Es ist mir bewusst, dass die Postmoderne über keine homogene Ästhetik verfügt und Hassans Merkmalkatalog der Problematisierung bedarf. Ich möchte seine Thesen lediglich stellvertretend für die zentralen Theoreme der postmodernen Theoriediskussion vorstellen.

38 Hassan (1987): 168, 169

39 Vgl. zu den folgenden Ausführungen: Hassan (1987): 168, 169

40 Hassan (1987): 168

41 Lyotard, zitiert in Welsch (1997): 49

Literatur zum Ort des „ständigen Neuentwurfs“[42] und Verhandelns alternativer Möglichkeiten[43].

1.3.4 Self-less-ness, Depth-less-ness

Der Verlust des Selbst, von Tiefe lässt sich – ebenso in Gegenposition zur großen Metaerzählung und der damit verknüpften privilegierten Position des Selbst – als Charakteristikum der postmodernen Ästhetik ausmachen. Die Erzählung vom Selbst als Einheit gilt im Postmodernismus als höchst suspekt. Das Selbst wird hier als unbestimmt wahrgenommen.

1.3.5 The Unpresentable, the Unrepresentable

Mit dem ‚Nicht-Zeigbaren‘, ‚Nicht-Darstellbaren‘ meint Hassan zum einen die Abwendung vom mimetischen Konzept der Kunst und die Entwicklung zur Reflexivität, zum Hinterfragen der eigenen Darstellungskompetenz. Zum anderen ist in diesem Grenzbereich die Tendenz zur Überschreitung von Tabus gemeint, die (Re-)Präsentation des vormals Unaussprechlichen und Unzeigbaren.

1.3.6 Irony

Die Relativierung des Vertrauten durch Ironie, Parodie oder Travestie gilt als besonderes Charakteristikum vieler literarischer Werke der Postmoderne[44]. Die postmoderne Ironie resultiert aus der Erfahrung von Unbestimmtheit, Fragmentarisierung und Entkanonisierung: „... [in] absence of a cardinal principle or paradigm, we turn to play, interplay, dialogue, polylogue, allegory, self-reflection“[45]. Ironie entsteht in postmodernen Sprachspielen auch aus einer nostalgischen Haltung heraus, sind diese Texte doch „recreations of the mind in search of a truth that continually eludes it, leaving it with only an ironic access“[46]. Nicht nur gegenüber tradierten Themen und Darstellungsformen wird somit eine ironische Perspektive eingenommen, die Werke sind auch von Selbstironie gegenüber dem eigenen Produzierten geprägt.

1.3.7 Hybridization and Variation

Mit Hybridisierung sind zum einen das Überschreiten von Genre-Grenzen sowie die Techniken der Parodie, Travestie und Pastiche gemeint, zum anderen ein anderes Konzept der Tradition, in welchem Kontinuität und Diskontinuität, Hoch- und

---

42 Fluck (1997): 21

43 Vgl. Fluck (1997): 23

44 Vgl. Grabes (2004): 70

45 Hassan (1987): 168

46 Hassan (1987): 168

Alltagskultur, Realität und Fiktion ineinander greifen, Gegenwart und Vergangenheit nicht hierarchisch getrennt sind. Durch diese Ausweitung des Kunst- und Literaturkonzeptes ist es möglich, aus der damit verbundenen Vielfalt möglicher Kombinationen, Spannungen und Brüche neue ästhetische Wirkungen zu erzielen. Die Relativierung des Vertrauten ergibt sich auch im Umkehrschluss durch das in der postmodernen Kunst besonders populäre Verfahren der Intertextualität. Durch das Montieren verschiedener Texte in einem Roman erhält dieser eine besondere Komplexität und Qualität. Das „mehrfach codierte Spiel mit den Gattungstraditionen“[47] erfüllt zum einen eine Unterhaltungsfunktion und kreiert zum anderen, aufgrund seines Zitat- und Anspielungscharakters, das Bedürfnis nach Dechiffrierung und Kommentierung.

1.3.8 Carnivalization

Der Begriff der Karnevalisierung umfasst Aspekte aller bisher vorgestellten Eigenschaften der Postmoderne. Darüber hinaus vermittelt der Begriff auch etwas von der komischen, der absurden Seite des Postmodernismus. Die Umkehr von hierarchischen Strukturen, die spielerischen und subversiven Elemente verheißen eine Erneuerung – das Vertraute wird auf den Kopf gestellt: Im Karneval, „dem wahren Fest der Zeit, dem Fest des Werdens, der Erneuerung“[48], ist es möglich, die „eigentümliche Logik des Umgekehrten“[49] zu entdecken, „der vielfältigen Parodien, Travestien, der Demütigung, Entweihungen, der komischen Krönungen und Entthronungen“[50].

1.3.9 Performance, Participation

Der Aspekt der Performanz zielt auf die durch die Unbestimmtheit notwendige Teilnahme des Lesers ab, denn die lückenhaften Fragmente des postmodernen Textes müssen stetig ergänzt und verändert werden.

1.3.10 Constructionism

Postmodernismus kreiert Wirklichkeit nach narrativen Regeln; Realität wird wie eine literarische Fiktion konstruiert. Realität ist eine Hilfskonstruktion, die immer auch ganz anders erzählt werden kann. Es herrscht eine Pluralität alternativer und widersprüchlicher Realitäten.

---

47 Gumbrecht (2003): 139

48 Bachtin (1968): 10, 11

49 Bachtin (1968): 10, 11

50 Bachtin (1968): 10, 11

1.4 Verändertes Zeitbewusstsein

Die Literatur der Postmoderne entfaltet sich in einer anderen Konstruktion von Zeit: „Die in der Moderne auf ein Minimum verengte Gegenwart [wird] zu einer breiten Gegenwart der Simultaneitäten ausgedehnt“[51]. So ergibt sich ein Nebeneinander von Vergangenheit und Gegenwart: Die Vergangenheit scheint „als beständig abrufbar, reproduzierbar – sozusagen ‚in die Gegenwart importierbar‘, während Zukunft – wo nicht als gänzlich verschlossen – als ungewiss und bedrohlich erlebt wird“[52].

1.5 Einflüsse auf die Narrativik: Die verfremdete Wiederkehr der realistischen Erzählweise

In der Literatur der achtziger und neunziger Jahre zeigt sich der postmoderne Aspekt der Variation bzw. Hybridisierung insbesondere im Rahmen der Wiederaufnahme einer realistischen Erzählweise[53]. In Abkehr vom destruierenden Prinzip der Moderne wird ein lineares, auktoriales Erzählverhalten eingesetzt und somit an die Traditionen des neunzehnten Jahrhunderts angeknüpft. Dieser ‚neue bzw. experimentelle Realismus‘ folgt unter oberflächlicher Betrachtung den Konventionen realistischen Erzählens (Linearität, auktoriales Erzählverhalten), die Variation kommt zustande, indem zugleich der Anspruch auf eine realistische Darstellung der Welt von innen her in Frage gestellt wird. Die Wirkung wird durch Ironie gebrochen. Unter der scheinbar ungebrochenen ästhetischen Oberfläche entfaltet sich ein ironisches Spiel der Texte. Umberto Eco äußert dazu in seiner *Postille a ‚Il nome della rosa‘*[54], dies sei die Antwort der Postmoderne auf die Moderne, über das literarische Material frei verfügen zu können, seien es Gattungen, Stile, Themen oder Motive, mit Ironie, ohne Unschuld[55]. Der Begriff des Erzählens wird so für eine neue Diskursform verwandt. Es handelt sich um ‚metanarrative Strategien‘, neue Schreibstrategien, die sich in besonderer Weise aus der Distanz zwischen dem realen Autor und einem imaginierten Erzähler ableiten und eine Verfremdung der erzählerischen Tradition kreieren, um auf diesem Weg etwas Neues zu schaffen. Diese Subversion kann verschieden ausgestaltet werden, allen Formen gemeinsam ist der Status der Unzuverlässigkeit des Präsentierten.

Vor dem Hintergrund der neuen Informationstechnologien[56], dem Fall des Eisernen Vorhangs und des Erstarkens der kapitalistischen Wirtschaftsformen themati-

---

51 Gumbrecht (2003): 137

52 Gumbrecht (2003): 137

53 Vgl. auch zu den folgenden Ausführungen: Grabes (2003): 110-113; Gumbrecht (2003): 138, 139

54 Eco (1983). Dt.: Nachschrift zum ‚Namen der Rose‘

55 Vgl. Eco (1983): 529

56 Handy, Internet etc.

siert die Literatur das postmoderne Theorem von der Verabschiedung des einen dogmatischen Wahrheitsbegriffs und von der Pluralität verschiedener Wahrheiten in der Präsentation einer Vielzahl von Weltanschauungen, Denkweisen und Lebensformen. Meta- und Objektebene sind dabei eng verknüpft: Die postmoderne Literatur reflektiert Unbestimmtheit, Fragmentiertheit, Hybridität, Tiefenlosigkeit, Karnevalisierung und Konstruiertheit und zeigt sich zugleich als selbst davon geprägt, wie anhand der untersuchten Bibliotheksromane noch erläutert werden soll.

2. Zur Geschichte der Institution – Bibliotheksgeschichte und ihre Mythen[57]

2.1 Die Ursprünge in der Antike

Die Geschichte der Bibliothek beginnt im frühen Altertum. Ihre Entwicklung steht in direktem Zusammenhang mit der Rolle der Schriftkultur in der jeweiligen historischen Situation. Die Bibliotheksursprünge lassen sich im Kontext der Entwicklung der linearen Schrift verorten, welche in die Hochkulturen im Zweistromland, in Ägypten und China um 3500 v. Chr. datiert wird.

In der Bibliotheksforschung wird davon ausgegangen, dass die ersten Bibliotheken in der mesopotamischen Hochkultur im 4. Jahrtausend v. Chr. entstanden. Dort diente die Schrift zunächst vor allem als Verwaltungsinstrument. Nachdem es für die sich entwickelnden städtischen Hochkulturen erforderlich geworden war, die Lebensbereiche schriftlich zu kontrollieren, wurde es auch notwendig, Schriftstücke zu archivieren. Die dabei genutzten räumlich abgetrennten Aufbewahrungsorte für Schriften gelten als die Vorstufen der Bibliothek, unterschieden jedoch funktional noch nicht zwischen Archiv und Bibliothek. Vor allem im Umfeld des königlichen Hofes, der eine große Verwaltung unterhielt, entstanden Bibliotheken. Sie dienten als Wirtschaftsarchive, um zu erfassen, was gekauft und verkauft wurde. Bibliotheken waren somit auch ein Machtinstrument, sie bildeten das einzige Zentrum für Information, das alles relevante Wissen der Zeit speicherte und entsprechend zur Verfügung stellte. Die ältesten dort gefundenen Schriftstücke[58] enthalten Wirtschaftstexte, später wurden auch Privatbriefe von Kaufleuten und Textsammlungen, die im Zuge der Schreiberausbildung kopiert wurden, in Privatarchiven aufbewahrt[59]. Diese Textsammlungen enthielten zunächst noch keine literarischen Texte, sondern beinhalteten „heilige Lehren“[60], deren Abschrift dazu diente, im Sinne eines „stream of tradition“[61], die Tradition zu bewahren. Obgleich solche privaten Textsammlungen noch nicht das entscheidende Bibliothekskriterium einer plan-

---

57 Vgl. zur historischen Darstellung Jochum (2007).

58 Dabei handelt es sich um in Keilschrift beschriftete Tontafeln. Die Tontafel eignete sich besonders gut als Textspeicher, da sie feuerfest und fälschungssicher war. Das Eindrücken der Schriftzeichen mit dem keilförmigen Griffel erforderte keine besonderen kalligrafischen Kompetenzen, außerdem verursachten die Tontafeln nur niedrige Produktionskosten. Sie wurden meist in Archiven auf Holzgestellen entlang der Wände aufgestellt und geschichtet.

59 Vgl. Otten (1955): 67

60 Jochum (2007): 14

61 Oppenheim (1971): 13

vollen Sammlung erfüllten[62], sind sie doch als Frühformen der Schriftspeicherung bedeutend.
Die Tontafelsammlung des Assyrerkönigs Assurbanipal in Ninive (668-627 v. Chr.) wird im Forschungsdiskurs als älteste Bibliothek anerkannt[63]. Primäre Funktion dieser Bibliothek war es, die babylonische Literatur für die assyrischen Eroberer verfügbar zu machen. Es war das Ziel der Eroberer, sich mithilfe der Bibliothek die Kultur des unterlegenen Volkes anzueignen und mit der eigenen zu verbinden. Dieses Modell einer imperialen Bibliothek wirkte weiter auf die Bibliothek des Museions[64] im ägyptischen Alexandria und darüber wiederum auf das Konzept der römischen Bibliotheken[65]. Der Zusammenhang von Kult und Religion, der im Mittelalter erneut auftrat, hatte auch Auswirkungen auf das Bild der Bibliothek als ‚Heiligtum' oder ‚Tempel', das in der Literatur bis heute Verwendung findet[66].

2.2 Die Bibliothek von Alexandria – historische Daten und korrespondierende Mythen

Die Bibliothek von Alexandria erhielt im Rahmen der Bibliotheksgeschichte einen herausragenden Status. In der Literatur stellt sie einen Topos dar und wird daher an dieser Stelle ausführlicher vorgestellt.
Die Bibliothek von Alexandria gilt im Forschungsdiskurs als „bedeutendste Bibliothek des klassischen Altertums"[67] und als geistiges Zentrum der Antike, in dem Philosophen, Gelehrte und Wissenschaftler zusammenkamen und Forschungen betrieben. Die Bibliothek wurde im 3. Jahrhundert v. Chr. im ägyptischen Alexandria von König Ptolemaios I. gegründet und als Teil des Museions nach platonisch-aristotelischem Vorbild eingerichtet. Die herausragende Bedeutung bestand und besteht in dem universellen Auftrag der Bibliothek. Das Einzugsgebiet der Bibliothek umfasste die Literatur aller Völker[68], fremdsprachige Literatur wurde für die Bibliothek eigens ins Griechische übersetzt. Die Texte dienten dabei nicht nur

---

62 Bezüglich der Definition der ersten Bibliotheken bestehen im Forschungsdiskurs Definitionsdifferenzen. Wie Günther Stocker anmerkt, hängen die Angaben davon ab, „was von den Frühformen der Schriftspeicherung als Bibliothek betrachtet wird" (Stocker (1997): 84).

63 Vgl. zu den folgenden Ausführungen Jochum (2007): 14, 15.

64 ‚Museion' hieß bei den Griechen zunächst jeder Musensitz und Kultort, durch den Einfluss Platons entwickelte sich das ‚Museion' weiter zu einer wissenschaftlichen Forschungsstätte, an dem neben Gottesdiensten und Festen auch Forschung und Lehre stattfanden, und wo die zugehörigen Lehrmaterialien aufbewahrt wurden. Aristoteles übernahm diese Idee und bewahrte dort ebenfalls seine Privatbibliothek auf (Jochum (2007): 24, 25).

65 Vgl. Jochum (2007): 14, 15

66 Weitere Erläuterungen hierzu befinden sich in Kapitel II. 3

67 Stocker (1997): 85

68 Die Anzahl der archivierten Schriftrollen ist umstritten, Jochum hält eine Zahl von 400 000 bzw. 700 000 für realistisch (Vgl. Jochum (2007): 26).

dem Studium: Gelehrte zogen die versammelten Überlieferungsvarianten eines Werkes zurate, um kritische Editionen herzustellen. Somit war die Sammlung ihrerseits produktiv. Auch das Ordnungssystem der Bibliothek war damals einzigartig: Sie enthielt den ersten bekannten großen Bibliothekskatalog und teilte die Schriftrollen bereits systematisch in Klassen ein.
Die Bibliothek besaß auch eine kulturpolitische Funktion: Die in ihrer Größe bis dahin unbekannte Sammlung zog Gelehrte aus vielen Ländern an, die in der Bibliothek Texte ihrer Muttersprache übersetzten. Auch wenn die Bibliothek von staatlicher Seite als Herrschaftsinstrument betrachtet wurde – für die Gelehrten, die Zugang erhalten konnten, bot die Bibliothek von Alexandria eine Gelegenheit, die sich später zu einem phantastischen Ideal in der Literatur formen sollte: die Möglichkeit, „alle Bücher der Welt vor sich versammelt zu sehen“[69]. Die Erfüllung der „Sucht nach Vollständigkeit“[70] evozierte bei den Forschenden die utopische Illusion, „die Grenzen der Welt zu überwinden“[71].

Die Bibliothek von Alexandria ist neben ihrem Universalitätsanspruch auch durch einen Brand berühmt geworden, der sie zerstört haben soll und um den sich einige Mythen ranken[72].

Im 21. Jahrhundert wurde die alexandrinische Bibliothek wiederbelebt: Die ägyptische Regierung errichtete mit Unterstützung der UNESCO die Bibliotheca Alexandrina, welche im Jahre 2002 ihren Betrieb eröffnete[73]. Wie ihr antikes Vorbild soll die Bibliotheca Alexandrina Maßstäbe setzen: Als ein geistiges Fenster zur Welt soll sie als Medienspeicher im Kontext des digitalen Zeitalters fungieren und den interkulturellen Dialog im Rahmen von Lehre und Forschung fördern[74].

Die Legendenbildung um die Bibliothek von Alexandria ist gewissermaßen einzigartig in der Historie und verdient besondere Aufmerksamkeit. Das Bild der Universalität im Kontext der Wissensspeicherung sowie die völlige Zerstörung des dort

---

69 Canfora (1990): 34

70 Ebd.

71 Ebd.

72 Bis heute ist die Quellenlage zum Ende der Bibliothek nicht frei von Widersprüchen. Die populärste Legende, wonach Cäsar mitverantwortlich für den großen Brand am Hafen von Alexandria und damit auch der nahe gelegenen Bibliothek des Museions sei, gilt nach Jochum höchstwahrscheinlich als falsch. Er vermutet, dass der Zerstörung des Palastviertels unter Kaiser Aurelian im Jahre 272 n. Chr. auch die Bibliothek zum Opfer fiel (vgl. Jochum (2007): 37, 38).

73 Vgl. zu den folgenden Ausführungen: Carré (2002): 39, 40, sowie den Onlineauftritt der Bibliothek (zu finden unter: http://www.bibalex.org)

74 Die Bibliotheca Alexandrina beinhaltet neben 2000 Leseplätzen und einer Regalfläche für 8 Millionen Bücher u.a. ein Institut für Kalligraphie, ein Laboratorium für Konservierung und Restaurierung, ein Planetarium, unter dem ein Wissenschaftsmuseum eingerichtet wurde, eine Bibliothek für Blinde sowie mehrere Ausstellungsräume. Daneben besitzt sie auch ein Internetarchiv, in dem die Sicherungskopien vieler Websites seit 1996 konserviert werden.

bewahrten kulturellen Gedächtnisspeichers scheint die Ursache für die reichhaltige Mythenbildung zu sein. Die Quelle für den Zerstörungsmythos führt Stocker auf die „zwei großen Kommunikationskatastrophen“[75] der jüdisch-christlichen Kultur zurück: Die Vertreibung des Menschen aus dem Paradies, welche die direkte Kommunikation mit Gott beendete und das Scheitern des Turmbaus von Babel, das die Einheit der Sprachen und Menschen untereinander zerstörte. So evoziere die universelle Bibliothek als „Ort, wo alles Wissen versammelt ist“[76], bei den Menschen die Hoffnung, die vollkommene Sprache und Identität wiederzuerlangen. Dem Ideal der absoluten Bibliothek, so wie sie in Alexandria verwirklicht wurde, liegt gemäß Stocker „die Utopie der Schriftkultur von der Heilung der mythischen Wunden“[77] zugrunde.

Castillo bezieht sich in diesem Zusammenhang auf die Symbolik des Scheiterns, die folglich mit der Bibliothek verknüpft werde[78]. Dabei kommt dem Element des Feuers eine besondere Rolle zu: Der Brand der Bibliothek symbolisiert die totale Vernichtung des Wissens und steht somit konträr zur ersehnten totalen Erinnerung.
In der Literaturgeschichte finden sich wie bereits angeführt viele Verweise auf die alexandrinische Bibliothek, auf die im Kapitel zur Motivforschung näher eingegangen wird.

2.3 Spätantike und frühes Mittelalter – die Sakralisierung der Bibliotheken

In der Zeit zwischen der Spätantike und dem Mittelalter vollzog sich ein kulturgeschichtlicher Wandel, der weitreichende Folgen für das Bibliothekswesen und die Schriftkultur mit sich brachte[79]. Nach der Blüte der Bibliotheken im römischen Reich brachte die Völkerwanderung ab dem 5. Jahrhundert n. Chr. für viele Büchersammlungen des Reiches den Untergang. Mit der Ausbreitung der christlichen Religion verschwand die antike Kultur und das kulturelle Gedächtnis wurde fundamental geändert. Viele Bibliotheken des römischen Kaisertums waren zerstört, überliefert wurde fortan nur noch, was der christlichen Tradition diente, die heidnischen Bibliotheken wurden zu christlichen umgeformt.
Darüber hinaus wurde im 4. Jahrhundert n. Chr. ein neues Schreibmaterial entwickelt: Die antiken Buchrollen aus Papyrus wurden durch Kodizes aus Pergament ersetzt, dies ermöglichte eine eindeutige Identifizierung des Inhalts anhand des verwendeten Materials.

---

75 Stocker (1997): 89

76 Ebd.

77 Ebd.

78 Vgl. Castillo (1984): 3

79 Vgl. Stocker (1997): 90-92

Insgesamt überdauerte die Bibliothek als Institution den Zeitraum von der Spätantike bis zum Frühmittelalter lediglich in Form der Klosterbibliothek. Das Ende des antiken Bildungssystems hatte zur Folge, dass die Schriftlichkeit ausschließlich in die Hand des Klerus geriet und in den Skriptorien der Klöster der Kanon des Abendlandes verfasst wurde. Doch gab es auch Klosterorden wie den der Benediktiner, die die klassischen Werke der Antike vor der Zerstörung durch das Vergessen bewahrten[80]. Dort diente das Studium, Übersetzen und Kopieren der Klassiker dazu, dem Müßiggang vorzubeugen[81].

2.4 Die Bibliothek im Mittelalter

„Claustrum sine armario, quasi castrum sine armamentario."[82]

Die Bedeutung der Bibliothek nahm im Mittelalter stark zu, wie das einführende Zitat des Kanonikus Gottfried von Ste Barbe-en-Auge (um 1170) illustriert. So folgten in der Klosterhierarchie die Bibliothekare direkt nach dem Abt und waren auch für das Skriptorium zuständig. Zu dieser Zeit waren das Abschreiben und das Sammeln miteinander verknüpft: Bibliothek und Skriptorium stellten eine Einheit dar[83], „in der die Handschriften produziert, kopiert, aufbewahrt und gelesen wurden"[84]. Die Sakralisierung der Bibliothek als Heiligtum und des Bibliothekars als Priester erreichte im Mittelalter ihren Höhepunkt.

Im Zuge des Rückgangs der kulturellen und politischen Hegemonie im Spätmittelalter verlor der Klerus seinen alleinigen Bildungsanspruch. Die Universitätsgründungen seit dem 11. Jahrhundert und der Aufstieg der Städte zu Wirtschafts- und Bildungszentren ab dem 12. Jahrhundert beendeten die herausragende Stellung der Klöster im Wissenschafts- und Lehrbetrieb.

2.5 Renaissance

Mit der Reformation im 16. Jahrhundert und der Aufhebung der Klöster fielen die Bibliotheken entweder an die Städte und Kirchen oder an die Landesherren und gelehrten Bildungsanstalten – die Bücherschätze wurden zugänglicher und nutzbarer. Der steigende Text- und Wissenszuwachs führte durch die Erfindung des Buchdrucks mithilfe des neuen, kostengünstigeren Schreibmaterials Papier zu wesentlichen Veränderungen: zur Trennung von Buchproduktionsstätte, Archiv und

---

80 1980 setzte Umberto Eco diesem mönchischen Bibliothekswesen mit seinem Roman *Il nome della rosa* ein Denkmal.

81 Vgl. Jochum (2010): 62, 63

82 „Ein Kloster ohne Bibliothek gleicht einer Burg ohne Waffenkammer." Übersetzung zitiert nach Schmidt (1990): 4.

83 Vgl. Stocker (1997): 91

84 Ebd.

Bibliothek sowie – durch den starken Zuwachs des Bibliotheksbestandes notwendig geworden – zur Entwicklung des Katalogs (Angabe des Bibliotheksbestands) und der Signatur (Angabe des Aufbewahrungsortes)[85]. Auch bildeten sich weitere Bibliothekstypen heraus[86].

Das Aufleben der antiken Studien während des Humanismus führte zu privaten Büchersammlungen. Auch in Patrizierhäusern und Adelshöfen dienten sie nun als Prestigeobjekt der Gelehrsamkeit, als Symbol des materiellen Wohlstands und befriedigten den Wunsch nach Unsterblichkeit. Fürstliche Bibliotheksbesitzer ließen für ihre Sammlungen pompöse Gebäude errichten[87] und wurden Mäzene für Wissenschaftler, Dichter und bildende Künstler[88].

2.6 Barock

Dieses Aufblühen der Bibliothekenlandschaft wurde erst durch den Dreißigjährigen Krieg gestoppt, in dessen Verlauf viele Bibliotheken verwüstet und Buchbestände außer Landes gebracht wurden. Als nach Kriegsende die Fürstenhöfe erstarkten, kam es zur Gründung barocker Bibliotheken. Diese dienten vor allem der fürstlichen Repräsentation und waren nicht als Lese- oder Studienbibliotheken konzipiert.

Bücher symbolisierten im Barock, einer Epoche, in der das Bewusstsein der menschlichen Sterblichkeit besonders ausgeprägt war, die Beständigkeit[89]: „es genügt(e) ihre bloße Präsenz, um sie als Zeugen der Zeit gegen die Vergangenheit aufzurufen“[90]. Mit dem Typus des Bücher-Sammlers entstand auch das Bild des Bibliophilen, der sich den Büchern auf der gegenständlichen statt auf der inhaltlichen Ebene mit Leidenschaft widmet.

85 Vgl. Jochum (2007): 85

86 Weitere Ausführungen hierzu bei Stocker (1997): 92; Jochum (2007): 90-92

87 Bspw. die Anna Amalia Bibliothek in Weimar oder die Herzog August Bibliothek in Wolfenbüttel

88 So leitete bspw. Goethe die Bibliothek in Weimar, Leibniz und Lessing die Bibliothek in Wolfenbüttel.

89 „In bedenckung dessen, das die Pyramides, Seulen und Büldnussen allerhand materien mit der zeit schadhafft oder durch gewalt zerbrochen werden oder wol gar verfallen [...] das wol gantze städt versuncken, vntergangen vnd mit wasser bedeckt seien, da hergegen die Schrifften vnd Bücher dergleichen vntergang befreyet, dann was jrgendt in einem Landt oder Ort ab vnd vntergehet, das findet man in vielen andern vnd vnzehlichen orten vnschwer wider, also das [...] nicht Tauerhaffters vnd vnsterblichers ist, als eben die Bücher.“ (Ayrer (1865): 4)

90 Jochum (2007): 101

2.7 Aufklärung

Die Aufklärung sorgte für ein Umdenken im Bibliothekswesen: Im Verlauf des 18. Jahrhunderts entwickelte sich die öffentliche – allen Bevölkerungsgruppen zugängliche – Universalbibliothek moderner Prägung[91]. Bibliotheken wurden jedoch auch weiterhin zur herrschaftlichen Legitimation benutzt: Mit dem Aufkommen der Nationalstaaten im 18. und 19. Jahrhundert dienten sie nun dazu, Wissen und Tradition einer Sprach- oder Kulturgemeinschaft zentral zu bündeln und damit den Führungsanspruch der jeweils herrschenden Schicht ebenso wie den der jeweiligen Nation in Konkurrenz mit anderen Staaten sichtbar zu machen. So stehen die ersten Nationalbibliotheken in Dimension und Formensprache den früheren Fürsten- und königlichen Bibliotheken in nichts nach[92]. Langsam wurde der Weg hin zu einer pragmatischeren Funktionalarchitektur beschritten, die nun das Wissen und seine Vermittlung in den Vordergrund stellte.

Die Struktur der Bibliothek ändert sich im Zuge des Anspruchs der Aufklärung, die entgegen dem festen Kanon des Mittelalters nach immer mehr Büchern verlangte. So wurde der Berufsstand des Bibliothekars bzw. der Bibliothekarin geschaffen[93] und zur Professionalisierung des Bibliothekswesens beigetragen.

2.8 Die Bibliothek im 20. und 21. Jahrhundert – zwischen Digitalisierung und Traditionsbewusstsein

Bis zur Mitte des 20. Jahrhunderts stagnierte das deutsche Bibliothekswesen, bedingt durch die Säuberungsaktionen und die Gleichschaltung im Nationalsozialismus und den darauffolgenden Krieg[94]. Aufbau und Komplettierung der Bestände dauerten bis in die fünfziger Jahre hinein an. Von der folgenden gesellschaftlichen Planungseuphorie[95] wurde auch die Arbeit in wissenschaftlichen Bibliotheken erfasst: betriebswirtschaftliche und systemtheoretische Maßstäbe rationalisierten und simplifizierten die Arbeitsprozesse. Für die Reformer bestand der Auftrag der modernen Bibliothek nicht mehr allein in der Sammlung und Archivierung, sondern vielmehr darin, das „geistige Kapital“[96] arbeiten zu lassen. Die Bibliotheken sollten zu Betrieben umfunktioniert werden, „in denen mit möglichst hoher Effizienz ein

[91] Erste öffentliche Bibliothek in Deutschland: die Vaterländische Bürgerbibliothek, 1828 gegründet durch Karl Benjamin Preusker in Großenheim; Ende des 19. Jahrhunderts vermehrte Gründung öffentlicher Bibliotheken

[92] Siehe bspw. den am 1868 eingeweihten, von neun Kuppeln überwölbten Lesesaal der Pariser Bibliothèque Nationale oder die 1897 eröffneten Library of Congress in Washington

[93] 1900 Gründung des Vereins deutscher Bibliothekare (VDB)

[94] Vgl. zu den folgenden Erläuterungen Jochum (2007): 169-184

[95] Vgl. zu den folgenden Ausführungen Jochum (2007): 189-191

[96] Kluth (1960): 109

wichtiger Beitrag für Forschung und Lehre und die allgemeine Bildungsförderung geleistet“[97] werden sollte.

Mit der Entwicklung von EDV und Internet wurden weitere Optimierungsprozesse im Rahmen der Bibliotheksverwaltung und -recherche vollzogen. Die Erstellung der Deutschen Bibliographie mittels EDV 1966 legte die Basis für eine umfassende Vernetzung der Bibliotheken, die mit der Erarbeitung von internationalen Katalogstandards und den RAK[98] fortgeführt wurde. Ab 1972 konnten Datenbanken öffentlich genutzt werden – der Siegeszug der elektronisch gespeicherten Bibliographien und Online-Datenbanken begann. Durch die neuen Technologien konnten der Erwerb und die Verfügbarkeit von Informationen beschleunigt und effektiviert werden.
Dieser Optimierungsprozess der Bibliotheksverwaltung von Mitte der sechziger Jahre bis Mitte der siebziger Jahre ging als „goldenes Jahrzehnt für Bibliotheken“[99] in den Forschungsdiskurs ein und fand mit der international eintretenden Rezession ein jähes Ende. Man erkannte, dass die kontinuierliche Vergrößerung der Bibliotheken weder ökonomisch noch verwaltungstechnisch fortzuführen war. In dieser Situation wurde 1976 das Konzept der „self-renewing library“[100] entwickelt, welches den wissenschaftlichen Bibliotheken einen Wachstumsstopp vorschrieb. Somit sollte der Bestand auf einem bestimmten Niveau konstant gehalten und überflüssige Bücher makuliert oder an eine zentrale Speicherbibliothek abgegeben werden.
Eine weitreichende, fundamentale Erschütterung des Bibliothekswesens vollzog sich schließlich mit der Entwicklung neuer Speichermedien und Informationstechniken, die das Buch in seiner Funktion als Informationsspeicher zunehmend in Frage stellten. Angesichts dieser Veränderung wurde über das „Ende des Buches“[101] und das „Ende der Bibliotheken“[102] spekuliert – die Umgestaltung der Bibliotheken zu Einrichtungen des Informationsmanagements sah man zunächst als einzige Zukunftschance. Tatsächlich endete mit der Erweiterung der Schriftspeicherungsverfahren eine historische Epoche der Bibliotheksgeschichte.

---

97 Mittler (1972): 283

98 Regeln für die alphabetische Katalogisierung

99 Mittler (1982): 123

100 Jochum (2007): 198-199

101 Jochum (2007): 199

102 Jochum (2007): 199

2.9 Die Bibliothek der Postmoderne – zwischen Virtualisierungstrend und Rückkehr des Ortes

Der Beginn der Postmoderne an den Universitätsbibliotheken wird mit der Neugründung der Bochumer Universitätsbibliothek im Jahre 1963 verknüpft[103]. Sie setzte mit der Einführung von EDV – zunächst zur Katalogisierung und Ausleihe von Büchern – Maßstäbe für ein Konzept, das fortan im Zuge aller Neugründungen übernommen wurde. Mehr und mehr hatte sich die Bibliothek im Zeitalter der Postmoderne den Ansprüchen der Informationsgesellschaft und der zunehmenden Digitalisierung zu stellen.

Durch das Speichern von Schrift auf digitale Datenträger ergab sich ein drastischer Bedeutungswandel: Da elektronische Medien – im Unterschied zu Büchern – für eine ortsunabhängige Nutzung entwickelt worden waren, verloren Buch und Bibliothek zunächst ihre topologische Qualität.

Die folgend angestrebte Digitalisierung der gesamten Buchbestände warf jedoch unerwartet Fragen und Konflikte auf: Die Logik der globalen datentechnischen Vernetzung wurde durch die kulturelle Präformiertheit[104] der vernetzten Inhalte deutlich in Frage gestellt. Daneben wurde man im Zuge der Digitalisierung der Bibliothek auf ein weiteres Element aufmerksam: die konkrete Lokalität der Daten im Netz[105]. Die Erkenntnis, dass die im Internet zirkulierenden Daten keine frei flottierenden Datenströme sind, sondern auf konkrete Orte zurückgeführt werden können, hatte verschiedene Konsequenzen: Zum einen resultierte aus der Ortsbindung ein juristischer Status, zum anderen konnte fortan mit den Datenströmen als materiellen Gütern gehandelt werden – entgegen der in den neunziger Jahren verbreiteten Ideologie des Internets als rechts- und ökonomiefreiem Raum.

Insgesamt lässt sich feststellen, dass die digitale Bibliothek mit der Wiederkehr des Ortes erneut in einen lokalen bzw. regionalen kulturellen Kontext eingebunden ist, der eben auch den Gebrauch der Datentechnik bestimmt: Auf der Inhalts- und Adressierungsebene ist und bleibt das Internet ein lokales Phänomen.

Daneben offenbart die lokale Verortung der Datennetze auch ihre Fragilität: Soll-

---

103 Vgl. Jochum (2007): 196

104 Da Regelwerke kulturell präformierte Entitäten (wie bspw. den VerfasserInnennamen, Verlag, Verlagsort, etc.) beschreiben und diese Beschreibung wiederum bestimmten kulturellen Traditionen folgt, ließ sich kein allgemein anerkannter Konsens finden. Weitere konkretisierende Erläuterungen finden sich bei Jochum (2007): 211.

105 Daten haben auch im Internet einen Ort, an dem sie vorgehalten werden, die URL (Uniform Resource Locator). Diese gibt die exakte Netzadresse einer Internetressource an und vermittelt damit zugleich den genau lokalisierbaren Standort der Netzadresse. Jede über eine URL adressierbare Internetressource muss physisch als Datei auf mindestens einem Rechner bereitliegen, der sich über seine einmalige IP-Adresse (Internet Protocol Address) im Netz identifiziert. So kann im Grunde bei jeder Recherche über die URL auf die IP-Adresse und damit auf einen exakt feststellbaren Speicherort einer Datei zugegriffen werden.

ten Bibliotheken ausschließlich in digitalisierter Form bestehen, könnten Computerviren und Serverzusammenbrüche das kulturelle Gedächtnis existenziell bedrohen.
Dieses neue Bewusstsein für die Relevanz der lokalen Institution Bibliothek in der postmodernen Gesellschaft zeigte sich bereits in den neunziger Jahren, als – entgegen dem zeitgleichen Virtualisierungstrend – eine Vielzahl neuer Bibliotheksgebäude errichtet wurde[106]. Motiviert durch die zunehmende Konkurrenz zu anderen Bildungseinrichtungen galt es, die bibliotheksspezifische Arbeit erneut zu legitimieren und im Bereich ihrer zentralen Aufgabe – dem Sammeln und Bereitstellen von Dokumenten – Angebote zum Erwerb von Informationskompetenz zu entwickeln.

2.10 Problematisierung und Gegenwart

Auch wenn die vollständige Virtualisierung der Bibliothek durch die Digitalisierung ihres Bestandes aufgrund mangelnder finanzieller und technischer Kapazitäten – bis auf Weiteres – noch nicht realisierbar ist und in der Bibliotheksforschung ein warnender Tenor vorherrscht, kann man im Allgemeinen von einer Fortführung des Digitalisierungsprozesses ausgehen[107].
Die Kritiker beziehen sich besonders auf die klassische Funktion der Bibliothek, die Bewahrung und Bereitstellung des überlieferten Wissens: die Bibliotheken als Bollwerke gegen das Vergessen, als kulturelle Archive, die jederzeit einen Austausch und eine Neukonzentration auf Vergessenes ermöglichen.Es wird davor gewarnt, unter dem Schirm von ‚Informationsversorgung' und ‚Informationsvermittlung' mit dem massiven Einsatz technischer Mittel dem alten heilsgeschichtlich-utopischen Traum zu folgen, nach dem eine universelle Präsenz zu erreichen sei[108]. Man wird angesichts der Versuche, virtuelle Bibliotheken zu errichten, erneut an den Mythos des universellen Wissensspeichers der Bibliothek von Alexandria erinnert.
Die Adaption der Bibliothek an die neuesten Techniken der Informationsgesellschaft wird insbesondere von Jochum kritisch reflektiert. Er kritisiert die Missachtung der Gedächtnisfunktion im postmodernen Bibliotheksdiskurs. Auch wenn bislang das Vergessene nicht völlig verschwinden konnte, da die Bibliotheken als kulturelle Archive fungierten, würde ihre datentechnische Transformation die Austauschprozesse zwischen kulturellem Gedächtnis und Archiv unmöglich machen. Für diese These nennt er drei Gründe[109]: die fehlende Kompatibilität der Altbestände, die rechtlich limitierte Archivierungsoption von Online-Dokumenten[110]

106 Vgl. Jochum (2007): 234, 235

107 Vgl. Seefeldt, Syré (2007): 102

108 Vgl. Jochum (2007): 240, 241

109 Vgl. Jochum (2007): 238-240

110 „...denn die über Lizenzverträge eingekauften Daten gehen nicht in den Besitz der Bibliotheken über, sondern sind auf Zeit gemietet, wobei sich Verlage und Datenbankanbieter in der Regel so-

und die Unmöglichkeit der Kanonisierung aufgrund der ungeheuren Ausweitung der Kommunikation im Internet. So wäre künftig eine Überführung ins kulturelle Gedächtnis nicht mehr möglich, da man nicht mehr wüsste, „was davon relevant und mithin bewahrenswert sei"[111]. In diesem Zusammenhang prognostiziert Jochum für das System der datentechnischen Massenkommunikation eine Aufmerksamkeitsimplosion[112], die damit zugleich auch die digitale Bibliothek als Element dieses Kommunikationssystems erfassen werde.

In der gegenwärtigen Situation lässt sich feststellen, dass sich die Prognosen vom Ende des Buches und der Bibliothek bislang nicht bewahrheitet haben: Die Bibliotheken der Gegenwart stellen sich den Herausforderungen des neuen Zeitalters und öffnen Räume, um die gesamte Bandbreite realer wie virtueller Milieus zu erreichen.

---

gar noch ausbedingen, die Zusammensetzung der vermieteten Daten während der Laufzeit des Lizenzvertrags nach Bedarf jederzeit ändern zu können. Da die Verlage und Datenbankanbieter von ihrer Seite kein Interesse an der Archivierung der Daten zu erkennen geben, werden hier rapide wachsende Datenmengen in die Welt gesetzt, für deren Authentizität niemand mehr einsteht und deren Archivierung technisch prekär ist und juristisch unmöglich gemacht wird." (Jochum (2007): 239)

2003 bezog sich auch die UNESCO in einem Bericht auf diese Problematik: „The world's digital heritage is at risk of being lost to posterity. Contributing factors include the rapid obsolescence of the hardware and the software which brings it to life, uncertainities about resources, responsibility and methods for maintenance and preservation, and the lack of supportive legislation."
(zu finden unter: http://unesdoc.unesco.org/images/0012/001296/129679e.pdf)

111 Jochum (2007): 240

112 Vgl. Assmann (2001): 13, 14

3. Imaginierte Bibliotheken in der Literaturgeschichte

> „In jedem Fall ist die fiktionale, der Imagination entstammende oder zumindest durch sie deformierte Bibliothek gerade in ihrer Abweichung von der realen, meist auch in ihrer Komplexität und Widersprüchlichkeit, in ganz besonderem Maß aussagekräftig, deutungsintensiv und antizipatorisch."[113]

3.1 Zum Forschungsansatz: Die Bibliothek als Motiv, Metapher und Symbol

Zu imaginierten Bibliotheken in der Literatur lässt sich mit verschiedenen Ansätzen forschen. Je nachdem, ob die Bibliothek als Motiv, als Metapher oder als Symbol aufgefasst wird, ergeben sich unterschiedliche Schwerpunkte in der Analyse[114]. Hinzu kommen mythologische Aspekte, deren literarische Umsetzung an dieser Stelle ebenfalls kurz vorgestellt werden soll.

Während mit dem Begriff ‚Motiv' die strukturelle Funktion innerhalb von Texten betont wird[115], konzentriert sich die Untersuchung der Bibliothek als Metapher auf ihren semantischen Aspekt[116]. Die fiktionalisierte Bibliothek impliziert ein spezifisches Denkmodell des Wissens bzw. des Gedächtnisses[117], wie ich im Einzelnen noch erläutern werde. Um dieses Denkmodell analysieren zu können, müssen die Bedeutungsbereiche, die in der Metapher der Bibliothek zusammentreffen, untersucht werden. Das Kollektivsymbol[118] schließt den jeweiligen künstlerischen Diskurs an allgemeine gesellschaftliche Diskurse an, indem es die gesellschaftlichen Diskurse, die sich im Symbol der Bibliothek zu einem historischen Zeitpunkt überschneiden, aufzeigt und fragt, welche Wissens- und Machtbeziehungen sich darin ausdrücken. Wenn ich also im Folgenden von der fiktionalen, fiktionalisierten bzw. imaginierten Bibliothek spreche, meine ich neben dem strukturellen Minimum des Motivs auch metaphorische und kollektive Aspekte.
Meinem Thema gemäß konzentriere ich mich in der folgenden Motivgenese auf

---

113 Rieger (2002): 27

114 Wie bereits in der Einleitung erläutert, habe ich für die Analyse einen breiten Forschungsansatz gewählt, der auf die Motivik, Metaphorik und Symbolik ausgerichtet ist.

115 Vgl. Stocker (1997): 109

116 Vgl. Metzler Literatur Lexikon (1984): 282

117 Vgl. Stocker (1997): 107

118 Unter Kollektivsymbolen verstehe ich nach Link „Sinnbilder (komplexe, ikonische, motivierte Zeichen) [...], deren kollektive Verankerung sich aus ihrer sozialhistorischen, z.B. technohistorischen Relevanz ergibt, und die gleichermaßen metaphorisch wie repräsentativ-synekdochisch und nicht zuletzt pragmatisch verwendbar sind." (Link (1988): 285)

das zwanzigste Jahrhundert. Anschließend möchte ich den Fokus noch einmal auf die gesamte Historik ausdehnen, um auch die Wurzeln des Sprachbildes ‚Bibliothek' im Kontext von Symbolik und Metaphorik aufzeigen zu können.

3.2 Motivgeschichte

3.2.1 Problematisierung

Die Darstellung der Motivgeschichte fiktionalisierter Bibliotheken gilt als problematisch, da hier im Unterschied zur realen Institution keine chronologische Entwicklung vorliegt[119]: Es existiert keine kausale Verbindung zwischen den Motivvarianten, das jüngere Motiv geht nicht unbedingt auf die ältere Form zurück. Auch wenn genau dies nach Frenzel ein allgemeines Merkmal von Metapher- und Motivgeschichte ist[120], wird dem Motiv der Bibliothek in der Forschung ein besonders hohes Maß an spontanen Entstehungen attestiert. Daraus resultierend wird ein hoher Differenzierungsgrad der Gestaltungen und eine große Variabilität der Funktionen der Bibliotheksmotive festgestellt. Auch typische Motivgestaltungen – wie beispielsweise die Imagination der Bibliothek als Grabmal oder Friedhof – können so unterschiedliche Wertungen implizieren. Für die Interpretation sind neben den intertextuellen Reputationen in der Regel also weniger die vorausgehenden Motivvarianten, sondern „der jeweilig besondere, kontextbezogene Indienstnahmebedarf"[121] bedeutsam. Demzufolge hat die literarische Analyse die historisch spezifischen Denktraditionen und gesellschaftlichen Diskurse im Kontext der Bibliotheksmotivik und -symbolik besonders zu beachten. Von primärer Bedeutung für die Motivgeschichte gilt neben der satirisch-kritischen und der programmatisch-poetologischen die allgemein metaphorische Funktionalisierung der Bibliothek[122].

3.2.2 Motivgenese im zwanzigsten Jahrhundert

Hinsichtlich der Veröffentlichungsdaten von Romanen mit Bibliotheksmotivik lassen sich nach Stocker für das zwanzigste Jahrhundert zwei deutliche Schwerpunkte feststellen[123]: Der erste Schwerpunkt liegt in den dreißiger Jahren, hier lässt

---

119 Vgl. Rieger (2002): 15

120 „Denn im Fall der Motivgeschichte ergibt sich nicht wie bei der Stoffgeschichte zwangsläufig eine Abhängigkeitskette. Der späte Gestalter eines Motivs braucht keinen seiner Vorgänger gekannt zu haben, er kann allein aus dem persönlichen Erlebnis und der persönlichen Erfahrung schöpfen und dabei sogar zu ganz ähnlichen Entfaltungs- und Lösungsversuchen wie ein ihm unbekannter Vorgänger – ein Fall von ‚spontaner Entstehung' auf Grund allgemeiner typologischer Voraussetzungen, wie er der Motivforschung häufig begegnet." (Frenzel (2008): XI)

121 Rieger (2002): 17

122 Vgl. Rieger (2002): 17

123 Vgl. Stocker (1997): 283, 284

sich u.a. der erste Teil von *Der Mann ohne Eigenschaften*[124] nennen, des Weiteren *Die Blendung*[125], *La Nausée*[126] und *La Biblioteca de Babel*[127]. Der zweite Schwerpunkt liegt in den neunziger Jahren: Es erschienen *Die zweite Stadt*[128] und *Possession*[129] im Jahre 1990, *Le tentazioni di Girolamo*[130] 1991, *Zweiwasser oder Die Bibliothek der Gnade*[131] und *Die Alchimistin*[132] 1993. Obschon vor den neunziger Jahren verfasst, werden auch Ecos *Il nome della rosa*[133] aus dem Jahre 1980 und Kieseritzkys *Obsession. Ein Liebesfall*[134] aus dem Jahre 1984 als zugehörig betrachtet[135].

Die gesteigerte Repräsentation von fiktionalen Bibliotheken in den dreißiger und in neunziger Jahren betrachtet Stocker als Reaktion auf bestimmte gesellschaftliche und kulturgeschichtliche Entwicklungen: Beide Veröffentlichungsphasen folgten auf den Zerfall traditioneller politischer Ordnungen[136] und riefen in der Gesellschaft eine Atmosphäre der Verunsicherung und Orientierungslosigkeit hervor: Die geistige Ordnung schien zerstört, alte Gewissheiten waren ungültig geworden, die Welt wirkte undurchschaubar und komplex[137].

Neben den politischen Umbrüchen weist Stocker auch auf die Bedeutung des Medienwandels in beiden Zeiträumen hin. Während in den zwanziger und dreißiger Jahren vor allem Radio und Tonfilm die Wahrnehmung und Sinnstiftung der Menschen erschütterten, geschah ein ähnlich tiefgreifender, bewusstseinstransformierender Umbruch, als ab den achtziger und neunziger Jahren Digitalisierung, Telekommunikation und Multiplikation der Bilder in gesellschaftliche und kulturelle Prozesse eingriffen. In den Krisenzeiten der Diskurse um Schrift, Wissen und Gedächtnis lässt sich demnach eine tendenziell erhöhte Auseinandersetzung mit dem Motiv der Bibliothek in der Literatur feststellen.

---

124 Robert Musil (1930): *Der Mann ohne Eigenschaften*, Teil 1

125 Elias Canetti (1935): *Die Blendung*

126 Jean-Paul Sartre (1938): *La Nausée*

127 Jorge Luis Borges (1941): *La Biblioteca de Babel.* Der Roman wird im Folgenden als **BL** abgekürzt.

128 Gerhard Roth (1990): *Die zweite Stadt*

129 Antonia Byatt (1990): *Possession*

130 Ermanno Cavazzoni (1991): *Le tentazioni di Girolamo*

131 Thomas Lehr (1993): Zweiwasser oder Die Bibliothek der Gnade

132 Uta Treder (1993): *Die Alchimistin*

133 Umberto Eco (1980): *Il nome della rosa* Der Roman wird im Folgenden als **EI** abgekürzt.

134 Ingomar von Kieseritzky (1984): *Obsession. Ein Liebesfall*

135 Vgl. Stocker (1997): 284

136 Ende der Weimarer Republik und Beginn des nationalsozialistischen Regimes; Fall des Eisernen Vorhangs

137 Vgl. Stocker (1997):283

3.3 Forschungsbericht[138]

> „Dass Bücher und Bibliotheken in fiktionaler Literatur keine Wörter, keine Gegenstände bzw. Örtlichkeiten wie andere sind […], sondern […] meist über ihre Materialität intertextuell und symbolisch weit hinausweisende ‚vision du monde'-bezogene Metabegriffe und Metaobjekte darstellen, ist schon seit langer Zeit Teil unseres literarischen Bewusstseins und durch den Welterfolg von Umberto Ecos *Il nome della rosa* […] und die damit verknüpfte besondere Aufwertung, die Jorge Luis Borges' Erzählung *La biblioteca de Babel* erfahren hat, lediglich zu besonderer Virulenz gelangt."[139]

Wenngleich Achim Hölter noch 1993 beanstandet, dass „die probaten stoff-, motiv- und themengeschichtlichen Handbücher das Stichwort [der Bibliothek] bislang übergehen"[140], stellt Rieger 2002 bereits eine größere Beachtung des Motivs in der Forschung fest[141]. Zwar hat die imaginierte Bibliothek in Elisabeth Frenzels motivgeschichtlichem Lexikon noch keine Erwähnung gefunden[142], doch sind im *Metzler Symbollexikon* bereits einige Erläuterungen zur fiktionalisierten Bibliothek zu finden[143]. Vor allem im Kontext der Erinnerungs- und Intertextualitätsforschung beginnt die Literaturwissenschaft zu reagieren[144]. Daneben sind sowohl die angrenzende Buch-im-Buch-Forschung, die sich auf die Lektüre der Protagonisten bezieht, als auch der phänomenologisch ausgerichtete Zweig der Bibliothekswissenschaft relevant[145].

Wie Rieger in dem einleitenden Zitat kommentiert, wird die Zunahme von Bibliotheksfiktionalisierungen und deren Analysen u.a. auch mit dem Erscheinen der beiden populärsten Bibliotheksromane des zwanzigsten Jahrhunderts[146] in Verbindung gebracht[147]. Während sich die älteren Arbeiten mehr auf die Aufschlüsselung intertextueller Verweise konzentrierten[148], beziehen sich neuere Untersuchungen

---

138 An dieser Stelle möchte ich mich ausschließlich auf die – meines Erachtens nach – zentralen Fachwerke im Kontext des Bibliotheksmotivs beziehen, auf deren Erkenntnissen meine Forschungen primär basieren. Auf Publikationen mit weniger komplexen Erläuterungen (Hölter (1995); Stocker (1998); Jefcoate, Vodosek (1999)) wird nicht eingegangen.

139 Rieger (2002): 11

140 Hölter (1993): 65

141 Vgl. Rieger (2002): 11

142 Vgl. Frenzel (2008)

143 Butzer, Jacob (2008)

144 Vgl. Rieger (2002): 12

145 Vgl. bspw. Wegmann (2000)

146 Gemeint sind Jorge Luis Borges' *La biblioteca de Babel* von 1941 und Umberto Ecos *Il nome della rosa* von 1980.

147 Vgl. Rieger (2002): 12

148 Bspw. Brunet (1862)

auf die Dekodierung der Bibliothek als Motiv und Metapher im weiteren Sinn und schließen in die Analysen auch die historischen Kontexte mit ein.
Als mitverantwortlich für das gesteigerte Interesse an den Diskursen um imaginierte Bibliotheken im deutschen Raum zeigt sich in den letzten Jahren insbesondere der Forscherkreis um Professor Dietmar Rieger. Das von ihm geleitete Forschungsprojekt der Deutschen Forschungsgemeinschaft am Institut für Romanische Philologie in Gießen befasste sich mit den verschiedenen Bibliotheksdarstellungen und ihren Kontexten in der fiktionalen Literatur. Dietmar Rieger und seine Mitarbeiterinnen[149] haben in Artikeln und Fachbüchern das Thema von verschiedenen Seiten untersucht und erhellt[150] und so die Aufmerksamkeit verstärkt auf das kulturreflexive Potenzial der imaginierten Bibliotheksdarstellungen gelenkt. In seinem Hauptwerk *Imaginäre Bibliotheken – Bücherwelten in der Literatur*[151] präsentiert Rieger die unterschiedlichen Typen fiktionaler Bibliotheken, beginnend mit der unitarischen Bibliotheksidee des Mittelalters bis zur Problematisierung und Dekonstruktion der Wissensordnung in der Moderne. Kirsten Dickhaut befasste sich im Kontext der Bibliotheksverfremdungen vorwiegend mit der Analyse französischer Bibliotheksromane und der Verbindung mit ikonographischen Aspekten aus dem Bereich der bildenden Kunst[152].
Die Bibliothek als Metapher der Bewusstseinsgeschichte wurde insbesondere von Debra A. Castillo untersucht[153], doch obgleich im Forschungsdiskurs des Öfteren Verweise auf ihre Analysen zu finden sind, werden ihre Thesen aufgrund „fragwürdiger Detailanalysen“[154] abgelehnt.
Günther Stocker konzentrierte sich in seinen Analysen imaginierter Bibliotheken im Kontext der Diskurse von Schrift, Wissen und Gedächtnis insbesondere auf die Funktion „als Spiegel des Medienwandels im 20. Jahrhundert“ und listete dabei wesentliche literaturgeschichtliche Schwerpunkte auf[155].

Obgleich die Zahl der literaturwissenschaftlichen Publikationen zu imaginierten Bibliotheken in der zweiten Hälfte des zwanzigsten Jahrhunderts stark zugenommen hat, ist noch ein großes Potenzial an weiteren Bearbeitungsmöglichkeiten auszumachen[156], auf welches ich in meinem Fazit näher eingehen möchte.

---

149 Martina Bork, Kirsten Dickhaut und Cornelia Schmelz

150 Ein Verzeichnis der Publikationen findet sich auf der Website des Instituts für Romanische Philologie (http://www.uni-giessen.de/romanistik/frank/bibliotheksprojekt.html).

151 Rieger (2002)

152 Dickhaut (2004)

153 Castillo (1985)

154 Rieger (2002): 14

155 Vgl. Stocker (1997)

156 Vgl. auch Dickhaut (2004): 23

3.4 Symbolik, Mythen und Metaphernkreise[157]

> „Die Ambiguität der auf eine metaphorische Ebene gehobenen Bibliothek ist erstaunlich: Sie bedeutet Tod und Leben, Auslagerung und Bewahrung, Vergessen und Erinnern, Latenz und Präsenz gleichermaßen.“[158]

3.4.1 Zur Symbolik

Die Symbolik der Bibliothek steht in Zusammenhang mit Diskursen des Wissens, der Ordnung bzw. Unordnung, des Gedächtnisses, der Macht sowie im Kontext poetologischer Verfahren[159]. Als relevante Faktoren für die Symbolbedeutung werden genannt: der materielle und ideelle Wert der in einer Bibliothek aufbewahrten Bücher, die Systematik dieser Sammlung und die Funktion der Bibliothek, das Wissen einer kulturellen (Schrift-)Gemeinschaft zu speichern[160].

3.4.1.1 Die Bibliothek als Symbol des Wissens

Die zentralen Aspekte der Bibliothekssymbolik sind mit ihrer Funktion der Wissensspeicherung, ja mit dem menschlichen Wissen selbst verknüpft. Während die Bibliothek zunächst als ‚Bücherbehältnis‘ betrachtet wurde, vollzieht sich eine Aufwertung im Mittelalter und der frühen Neuzeit. Die Wertschätzung des (zunächst als göttlich betrachteten) Wissens, das verschriftlicht in den Büchern gespeichert ist, wird hier auf die gesamte Institution übertragen: Die Bibliothek gilt als Tempel bzw. Schatzkammer des Wissens.
Seit der frühen Neuzeit verweisen Bibliotheken auch auf (elitäres) Gelehrtentum und auf Weisheit, die Überlegenheit von Ratio und Vernunft[161]. Mit der Aufklärung begann sich der elitäre Charakter der Bibliothek aufzulösen[162], wenngleich die aus der Antike stammende Verwendung der Bibliothek als Symbol für weltfremde

---

157 Viele der literarischen Belege habe ich der systematischen Analyse von Klaus Döhmer entnommen (Döhmer (1982): 15-23), andere dem *Metzler Symbollexikon* (Schweikle (1984): 43-44) und den Analysen von Gerhard Schmidt (Schmidt (1999): 167-188), die Texte von Eco und Borges habe ich eigenständig bearbeitet. Ihre Zitationen werden in den Fußnoten mit deutscher Übersetzung versehen.

158 Rieger (2002): 287

159 Vgl. Dickhaut (2008): 43

160 Ebd.

161 Vgl. bspw.: *Gargantua et Pantagruel* (Rabelais (1532, Ausgabe 2003): I, 52-54), in dem die Bibliothek der Abtei von Thélème Heuchlern und Frömmlern den Eintritt verbietet. Hier stellt Bildung noch ein geistesaristokratisches Reservat dar, diese Position wird u.a. später von Robert Musil im *Mann ohne Eigenschaften* (Musil (1930, Ausgabe 1967): I,100) ironisiert.

162 François Marie Arouet Voltaire (1767): *L'ingénu*

Gelehrsamkeit und auch in der Figur des Bibliomanen fortbesteht[163]. Daneben kann die Wissenssymbolik auch Kritik an der Bibliothek provozieren, Musil beschreibt sie als „Tollhaus von Büchern“[164], Eco als „Zeugnis der Wahrheit wie des Irrtums“[165].

Wenngleich sich zwischen Bibliothekshistorie und Motiventwicklung häufig Analogien feststellen lassen, verlaufen diese Prozesse nicht linear oder widerspruchsfrei. So entwickelte sich beispielsweise in der Romantik die zukunftsorientierte Bibliothek eines Victor Hugo[166] neben der zukunftspessimistischen Variante des Nerval in *Angélique*[167].

Das Spektrum der fiktionalisierten Bibliotheken im Kontext des Wissensdiskurses reicht von der imaginierten „Totalität des Wissens“, über das „fragmentierte Wissen“ bis zum „Nicht-Wissen“ und „Nicht-mehr-wissen-Wollen“[168], von der Speicherung der absoluten Wahrheit zur Minimierung auf die bloße Speicherungsfunktion, von der Ordnung zum Chaos, von der Bibliothek als Tor zur Welt und als Mittel zu ihrer Erschließung zur Imagination als Rückzugsort und als „Refugium vor der Welt“[169].

Die Bibliothek gilt bis heute als zentrale Institutionalisierung des kulturellen Gedächtnisses, „als immer präsente Schaltstelle zwischen Vergangenheit und Zukunft“[170]. Es existiert sogar die These, dass die fiktionalen Bibliotheken die Problematik der Wissensordnung und des Wissenskanons einer Epoche oft deutlicher zum Ausdruck bringen als deren theoretischer Wissensordnungsdiskurs[171].

3.4.1.2 Die Bibliothek als Symbol der Ordnung bzw. Unordnung

Die Bibliothek als Symbol für Ordnung ist ideologisch mit der im Mittelalter entworfenen Vorstellung von einer göttlichen Weltordnung verknüpft. Bestand zur Zeit des Humanismus und der Klassik noch der Glaube an die Realisierbarkeit einer Universalbibliothek und an die Erfassbarkeit des gesamten menschlichen Wissens, wurde sich in der Folgezeit von dieser Vorstellung distanziert. Es wurde zunehmend deutlich, dass sich eine absolute, definitive systematische Ordnung in der Bibliothek nicht entwickeln ließ und dass die zunehmende Wissensproduktion bei

163 Lukian (Antike, o.J.): *Adversus indoctum* [Der ungelehrte Büchernarr], Sebastian Brant (1494): *Das Narrenschiff*: I: „von vnnutze buchern“, Charles Nodier (1831): *Le bibliomane*

164 Robert Musil (1967): Der Mann ohne Eigenschaften: I, 100

165 Umberto Eco (1980): *Il nome della rosa*: 167

166 Victor Hugo (1831): *Notre-Dame de Paris*

167 Gérard de Nerval (1854): *Angélique*

168 Rieger, Dickhaut, Schmelz (1999): 16

169 Rieger, Dickhaut, Schmelz (1999): 16

170 Assmann (1992): 15

171 Vgl. Rieger (2002): 20

dem gleichzeitigen Prinzip der selektionslosen Speicherung jeder Verschriftlichung die Ordnungssysteme und Speicherkapazitäten immer wieder sprengen musste. Die Erkenntnis von der „Wissensunordnung“[172] bzw. „Nichtwissensordnung“[173] manifestiert sich aufs Deutlichste in der Darstellung fiktionalisierter Bibliotheken und führt zur deformierten Form, zu apokalyptischen, aber auch zu utopischen Repräsentationen in der Literatur[174].
In Verbindung mit dem rationalen Wissen versinnbildlicht sie eine systematische Ordnung bzw. in Opposition dazu im Bau des Labyrinths, die Irritation des scheinbar geordneten verfügbaren Wissens.

3.4.1.3 Die Bibliothek als Symbol des kulturellen und kollektiven Gedächtnisses

> „Vom sozialen und kollektiven Gedächtnis können wir ferner das kulturelle Gedächtnis unterscheiden, das ebenfalls ein langfristiges Gedächtnis ist. Die Dauer des kulturellen Gedächtnisses beruht auf Institutionen wie Bibliotheken, Museen und Archiven, die auf bestimmte Entscheidungen zurückgehen und solche bestätigen und weiterentwickeln.“[175]

Bibliotheken gelten auch als Speicher der Vergangenheit, als „Gedächtnisort“[176]. Die Archivierung des kanonischen Wissens dient der Identitätssicherung einer kulturellen Gemeinschaft. Die Funktion der Bibliothek als kollektiver, kultureller Gedächtnisspeicher ist sowohl für die reale Institution als auch für deren Fiktionalisierung von besonderer Bedeutung. Die Bibliothek symbolisiert das kulturelle Gedächtnis einer Gesellschaft in räumlicher, konkreter Form und verbindet so die Widersprüche von Vergessen und Erinnerung, Zeit und Raum, Mündlichkeit und Schriftlichkeit. Sie ist eine „exteriorisierte Gedächtnisform“[177], die sowohl Kommunikations- als auch Informationsleistungen erbringt. Die Inschrift „Mnemosyne“ der Londoner Bibliothek Aby Warburgs verweist symbolisch auf diese Verschmelzung von Ortsgedächtnis und Gedächtnisort[178].
Insbesondere in diesem Kontext der Gedächtnissymbolik stellt die Zerstörung von Bibliotheken ein Sinnbild für Kulturfeindlichkeit, für das Vernichten einer Kultur dar[179].

---

172 Rieger, Dickhaut, Schmelz (1999): 15

173 Rieger, Dickhaut, Schmelz (1999): 15

174 Vgl. Rieger, Dickhaut, Schmelz (1999): 15

175 Assmann, Aleida: „Soziales und kulturelles Gedächtnis“(zu finden unter: http:// www.bpb.de/files/0FW1JZ.pdf)

176 Vgl. Dickhaut (2008): 44; Pierre Nora (1984-1992): *Les lieux de mémoire*

177 Rieger; Schmelz; Dickhaut (1999): 15

178 Jacques Roubaud (2002): *La bibliothèque de Warburg*

179 Gérard de Nerval (1854): *Angélique*; Ray Bradbury (1953): *Fahrenheit 451*

3.4.1.4 Die Bibliothek als Symbol der Macht

> „Im kulturellen Gedächtnis manifestieren sich Machtbeziehungen. Nicht alle Menschen konnten sich selbst oder von ihnen vertretene Inhalte durch Monumente wie Pyramiden oder Mausoleen, durch Grabsteine oder Schriften im Gedächtnis der Kultur halten. Nicht alle gesellschaftlichen Praktiken und Beziehungsformen werden überliefert.“[180]

Im Kontext der Selektion und Speicherung des kulturellen Gedächtnisses einer Gesellschaft repräsentieren Bibliotheken auch eine Form der Macht. Die Erstellung eines Bibliotheksbestandes ist mit der Macht der Kanons verknüpft, die spezifisch kulturellen Normen folgen. Welche Texte in einer Gesellschaft relevant sind, bestimmt die Ordnung des gesellschaftlichen Diskurses. Sie legt fest, was Wissen und was Irrtum ist. Dieser Diskurs reguliert den Bestand des kulturellen Gedächtnisses. Bereits von Anbeginn unserer Kulturgeschichte wurden Bibliotheken – wie bereits in der historischen Institutionengeschichte geschildert – von weltlichen Herrschern und später von kirchlichen Oberhäuptern zur Absicherung der Herrschaft genutzt. Auch der Zugang zu diesem Wissen war – wie beispielsweise in Ecos *Il nome della rosa* erneut aufgegriffen[181] – nur Auserwählten möglich.

So lassen sich mithilfe des Bestands einer Bibliothek auch Rückschlüsse auf den Besitzer ziehen. Öffentliche Bibliotheken stellen ein Abbild der Gesellschaft dar, diese Form der Macht kann mittels einer individuellen Privatbibliothek reflektiert und in Frage gestellt werden[182].

3.4.1.5 Die Bibliothek als Symbol für poetologische Verfahren (Intertextualität)

> „Ora mi avvedevo che non di rado i libri parlano di libri, ovvero è come si parlassero fra loro. Alla luce di questa riflessione, la biblioteca mi parve ancora più inquietante. Era dunque il luogo di un lungo e secolare sussurro, di un dialogo impercettibile tra pergamena e pergamena, una cosa viva, un ricettacolo di potenze non dominabili da una mente umana, tesoro di segreti emanati da tante menti, e sopravvissuti alla morte di coloro che li avevano prodotti?“[183]

---

180 Stocker (1997): 57

181 Umberto Eco (1980): *Il nome della rosa*

182 Joris-Karl Huysmans (1884): *À rebours*; Bernard Comment (1990): *L'ombre de mémoire*

183 EI: 289. Dt.: Nun ging mir plötzlich auf, dass die Bücher nicht selten von anderen Büchern sprechen, ja, dass es mitunter so ist, als sprächen sie miteinander. Und im Licht dieser neuen Erkenntnis erschien mir die Bibliothek noch unheimlicher. War sie womöglich der Ort eines langen und säkularen Gewispers, eines unhörbaren Dialogs zwischen Pergament und Pergament? Also etwas Lebendiges, ein Raum voller Kräfte, die durch keinen menschlichen Geist gezähmt werden können, ein Schatzhaus voller Geheimnisse, die aus zahllosen Hirnen entsprungen sind und weiterleben nach dem Tod ihrer Erzeuger?

Symbolische Verwendungen von Buch und Bibliothek können auch auf ihre poetologische Funktionalisierung verweisen. Dass ein einzelnes Buch zugleich eine individuelle Bibliothek darstellt, lässt sich insbesondere an Enzyklopädien erkennen. Eine Bibliotheksstruktur ergibt sich auch durch Montage bzw. Integration verschiedener Texte.

Zwischen imaginierten Bibliotheken existiert eine Vielzahl intertextueller Verknüpfungen. Ecos Roman *Il nome della rosa* ist ein bedeutsames Beispiel, wie konkret und vielschichtig die Bibliothek als Raum für Intertextualität fungieren kann. In dem eingehenden Zitat erkennt Ecos Protagonist Adson durch den Hinweis seines Mentors, dass Bücher aus anderen Büchern bestehen, von anderen Büchern abhängen und mit ihnen korrespondieren. Auch durch die Form der Montage verschiedener Texte zeigt sich eine Art Bibliotheksstruktur im Text. *Il nome della rosa* breitet dieses Montageprinzip eindrücklich vor den Lesenden aus. Unter der Vielzahl von Verweisen gilt die Bezugnahme auf Borges Erzählung *La biblioteca de Babel* als herausragend[184]. Es existieren verschiedene Verweise, am augenfälligsten ist der figurale Bezug: Die Darstellung des erblindeten Bibliothekars Jorge da Burgos, der das zweite Buch der aristotelischen Poetik als tödliche Falle in dem am schwersten zugänglichen Raum der Bibliothek verschließt, ist eine Reminiszenz an den ebenfalls erblindeten Bibliothekar und Autor Jorge Louis Borges. Eine weitere Gemeinsamkeit ist der Versuch beider Romane, eine Welt in sich abzubilden, die Imagination der Bibliothek als Universum: Während Borges das Universum als Bibliothek imaginiert und sich damit auf das Weltbuchgleichnis bezieht[185], bildet Eco die Welt im Bau seiner Klosterbibliothek ab, welche entsprechend der im Mittelalter bekannten Kontinente und Länder strukturiert[186] ist.

Wie Borges stellt auch Eco mit seinem Roman die Grundfrage nach der Sinnhaftigkeit des Geschriebenen und dem Wahrheitsgehalt von Zeichen[187].

---

184 Viele Interpreten haben auf die Beziehung der beiden Romane hingewiesen. Vgl. u.a. Kroeber (1989); Ickert, Schick (1989); Schmitz-Emans (1992).

185 Vgl. Schmitz-Emans (1992): 107, 114

186 Jedem Raum ist ein Buchstabe zugeordnet, daraus ergeben sich in der richtigen Reihenfolge durchschritten die Namen der jeweiligen Zonen.

187 Vgl. Schmitz-Emans (1992): 112, 113

3.4.2 Mythen

3.4.2.1 Zum Mythos der Universalität

> „Cuando se proclamó que la Biblioteca abarcaba todos los libros, la primera impresión fue de extravagante felicidad. [...] El universo estaba justificado, el universo bruscamente usurpó las dimensiones ilimitadas de la esperanza.“[188]

Der bereits vorgestellte Bibliotheksmythos der Bibliothek von Alexandria ist auch ein zentraler Bezugspunkt für das Motiv der Bibliothek in der Literatur[189]. So bildet die Idee einer vollständigen Bibliothek in vielen Texten den Horizont einer Sammlung: In der Bibliothek in Uta Treders *Die Alchimistin*[190] „scheint alles, was gedruckt worden ist, vorhanden zu sein“[191], ihr Gründer, ein bibliophiler Fürst, „wollte das ganze Wissen der Welt hier zusammentragen“[192]. Auch in Arno Schmidts *Die Gelehrtenrepublik*[193] stehen „alle Bücher der Welt“[194] zur Verfügung. Auf den Mythos, dass eine vollständige Bibliothek gleichzeitig ein absolutes Wissen, die absolute Erkenntnis bedeutet, wird u.a. in Canettis *Die Blendung* und Sartres *La Nausée*[195] referiert. Borges führt dieses Ideal – wie bereits im Kontext der Labyrinthmetaphorik erläutert – ad absurdum, indem er seine Universalbibliothek im Zustand des absoluten Chaos statt in dem ersehnten Zustand der vollkommenen Erkenntnis darstellt. In der fiktionalen Ausgestaltung dieser Sehnsucht nach Erkenntnis und nach Vollständigkeit zeigt sich das fundamentale Missverständnis dieses Mythos: Da eine Bibliothek gerade auf der Selektion von Wissen basiert, gäbe es – wären wirklich alle Texte der Menschheit an einem Ort versammelt – keine Ordnungsstruktur, könnte kein Wissen bestehen und auch nicht erworben werden.

---

188 BL: 35. Dt.: Als verkündet wurde, die Bibliothek umfasse alle Bücher, war der erste Eindruck ein überwältigendes Glücksgefühl. Das Universum war gerechtfertigt, das Universum bemächtigte sich jäh der schrankenlosen Dimensionen der Hoffnung.

189 Vgl. u.a. Stocker (1997): 299

190 Uta Treder (1993): *Die Alchimistin*

191 Uta Treder: *Die Alchimistin*: 12, 13

192 Uta Treder (1993): *Die Alchimistin*: 27

193 Arno Schmidt (1957): *Die Gelehrtenrepublik*

194 Arno Schmidt (1957): *Die Gelehrtenrepublik:* 120 (Ausgabe 1992)

195 Elias Canetti (1935): *Die Blendung*, Jean-Paul Sartre (1938): *La Nausée*

3.4.2.2 Zum Mythos des Bibliotheksbrandes

> „La biblioteca tutta doveva essere diventata ormai un solo braciere fumigante e il fuoco ora correva di stanza in stanza aprendosi rapido alle migliaia di pagine riarse."[196]

Neben der Vollständigkeit ist der Brand der Bibliothek das zweite mythische Element. Die mythische Verarbeitung des Brandes der Universalbibliothek von Alexandria ist – ähnlich wie der Turmbau von Babel – auch im Kontext der Herausforderung Gottes zu sehen[197]. Die Zerstörung durch den Brand wurde demnach als Strafe interpretiert für das eitle Ziel, das Wissen der gesamten Menschheit speichern zu wollen. Dieser Mythos zieht sich durch viele literarische Werke. Je enzyklopädischer der Anspruch der Bibliothek wird, desto stärker ist auch die Furcht vor ihrer Zerstörung und die Faszination durch diese. Zum ersten Mal erscheint der Brand einer Büchersammlung in Cervantes' *Don Quijote*[198] aufgegriffen[199]. Zum Schutz des durch die Lektüre zu vieler Ritterromane verwirrten Don Quijote übergeben der Pfarrer Pedro Perez, der Barbier, die Haushälterin und ihre Tochter die meisten seiner Ritterromane einem Autodafé. Texte der Moderne, die den Topos des Bibliotheksbrandes verwenden, sind u.a. Mirbeaus *L'Abbé Jules*[200], Canettis *Die Blendung*[201], Bradburys *Fahrenheit 451*[202], Ecos *Il nome della rosa*[203] und Baris Roman *La Bibliothèque*[204]. Die Varianten sind zahlreich: Während es in Bradburys antiutopischem Roman paradoxerweise die Aufgabe der Feuerwehr ist, alle verbliebenen Bücher zu verbrennen, verbrennt die schwer zugängliche Klosterbibliothek in *Il nome della rosa* gerade weil ihre Konstruktion den Schutz der Bücher gewährleisten sollte: „La biblioteca era stata condannata dalla sua stessa impenetrabilità, dal mistero che la proteggeva, dall' avarizia dei suoi accessi."[205]

---

196 EI: 491. Dt.: Die ganze Bibliothek war inzwischen ein einziger lodernder Brandherd, das Feuer raste von Raum zu Raum und fand überall reichlich Nahrung an den Tausenden und Abertausenden von trockenen Seiten.

197 Vgl. Rieger (2002): 165

198 Miguel de Cervantes (1605, 1615): *Don Quijote de la Mancha*

199 Vgl. Rieger, Dickhaut, Schmelz (1999): 22

200 Octave Mirbeau (1888): *L'Abbé Jules*

201 Elias Canetti (1935): *Die Blendung*

202 Ray Bradbury (1953): *Fahrenheit 451*

203 Umberto Eco (1980): *Il nome della rosa*

204 Hubert Bari (1998): *La Bibliothèque*

205 EI: 492. Dt.: Die Bibliothek hatte sich selbst verdammt durch ihre labyrinthische Anlage, durch ihr eifersüchtig gehütetes Geheimnis, durch ihr Geizen mit Zugängen.

3.4.3 Metaphernkreise

Im Zusammenhang mit der Bibliothek als Phänomen der Wissensdiskurse und des kulturellen Gedächtnisses gibt es häufig wiederkehrende Metaphern, die allgemein auf die Funktion der Institution ausgerichtet sind: die Bibliothek als Universum[206], als Labyrinth, als Spiegel, als Grabmal bzw. Friedhof, als Heiligtum oder als Waffenkammer[207].

3.4.3.1 Die Bibliothek als Labyrinth[208]

> „La biblioteca è nata secondo un disegno che è rimasto oscuro a tutti nei secoli [...]. Solo il bibliotecario, oltre a sapere, ha il diritto di muoversi nel labirinto dei libri, egli solo sa dove trovarli" – „...insondabile come la verità che ospita, ingannevole come la menzogna che custodisce. Labirinto spirituale, è anche labirinto terreno. Potreste entrare e potreste non uscire."[209]

Borges entwirft in *La biblioteca de Babel*[210] das Universum als eine Bibliothek, die sämtliche Bücher enthält, welche sich aus den verschiedenen Kombinationen der Buchstaben des Alphabets und ausgewählten syntaktischen Satzzeichen ergeben. Allein schon aufgrund ihrer riesigen Dimension ist diese Bibliothek unüberschaubar geworden[211]. Der Ich-Erzähler behauptet, „que la Biblioteca es interminable"[212] und dass ihr eigentlicher Mittelpunkt jedes beliebige Sechseck ist und dessen Umfang unzugänglich[213].

Borges reanimiert hier das ‚Urbild' der kombinatorischen Universalbibliothek, welches er jedoch durch seine Darstellung zugleich als Chaos demaskiert. Da die

---

206 Die Erläuterung zu dieser Metapher findet sich im gleichen Kapitel unter 3.4.1.5

207 Daneben gibt es natürlich noch weitere Ausprägungen wie zum Beispiel die Bibliothek als Emanzipationsort, als Apotheke oder als Tatort für kriminelle Handlungen. In Anbetracht meines Forschungsschwerpunktes der Postmoderne möchte ich mich jedoch ausschließlich auf die wesentlichen Metaphernkreise fiktionalisierter Bibliotheken konzentrieren, die im Kontext der Wissenssymbolik stehen.

208 Hierzu finden sich u.a. Varianten in William Shakespeare (1611): *The Tempest*, Gérard de Nerval (1854): *Angélique* und Jorge Luis Borges (1941): *La biblioteca de Babel.*

209 EI: 45, 46. Dt.: Die Bibliothek ist nach einem Plan entstanden, der allen Beteiligten dunkel geblieben ist in all den Jahrhunderten. Allein der Bibliothekar hat das Recht, sich im Labyrinth der Bücher zu bewegen, er allein weiß, wo die einzelnen Bände zu finden sind - ...unergründlich wie die Wahrheit, die sie beherbergt, trügerisch wie die Lügen, die sie hütet, ist sie ein geistiges Labyrinth und zugleich ein irdisches. Kämt Ihr hinein, Ihr kämt nicht wieder heraus.

210 Jorge Luis Borges (1941): *La biblioteca de Babel*

211 „El universo (que otros llaman la Biblioteca) se compone de un número indefinido, y tal vez infinito, de galerías hexagonales"(BL: 27); Dt.: Das Universum, das andere die Bibliothek nennen, setzt sich aus einer unbestimmten, vielleicht unendlichen Zahl sechseckiger Galerien zusammen.

212 BL: 29. Dt.: dass die Bibliothek unendlich groß ist.

213 Vgl. BL: 29

Bibliothek alle wahren und falschen Informationen verwahrt, ohne dass den Nutzenden eine Differenzierung ermöglicht wird, verfügen diese – wie auch die Bibliothekare – letztlich über keinerlei Information, keiner der Bibliothekstexte vermag so einen Sinn zu vermitteln. Ein weiteres Paradoxon von Borges' babylonischer Bibliothek ist, dass die Erkenntnis ihrer Sinnlosigkeit durch eine Erzählung vermittelt wird, die selbst Teil der Universalbibliothek ist. So referiert Borges auf die Sinnlosigkeit des Unterfangens, die Welt in eine systematische Ordnung zu bringen, und zugleich – mit Verweis auf die babylonische Sprachverwirrung – auf die Unendlichkeit der Lesarten ein und desselben Textes.
Eine weitere, insbesondere im Labyrinthkontext bedeutende, imaginierte Bibliothek aus der jüngeren Literaturgeschichte findet sich in Ecos Roman *Il nome della rosa*[214]. Auch sie gibt eine Ordnung nur vor: So finden sich im Bibliothekskatalog nur die Neuanschaffungen verzeichnet, Titel und Autoren ‚gefährlicher' Bücher werden geändert oder gar weggelassen. Analog dazu verläuft auch die Aufklärung der Detektivgeschichte: Der Protagonist William kann die Wahrheit zwar aufdecken, muss aber erkennen, dass er in der Annahme eines übergeordneten Sinnzusammenhangs der Geschehnisse irrt. Er kann auch die Bibliothek nicht vor der Zerstörung retten und begreift am Ende, dass die Imagination einer Ordnung lediglich die Wahrheitsfindung fördern kann, wissend, „che non vi è un ordine nell' universo"[215].
Auch Nervals Bibliotheken in seinem Roman *Angélique*[216] weisen labyrinthische Merkmale auf: Es gelingt dem Ich-Erzähler nicht, in den Bibliotheken von Paris ein bestimmtes Buch zu finden, welches er jedoch im Ausland bereits in den Händen hielt und das entsprechend seiner bibliographischen Recherche im Bestand der Pariser Bibliotheken existieren muss. Statt des gewünschten Buches werden jedoch nur Varianten mit sehr ähnlichen Titeln gefunden[217]. Die Bibliotheken werden zum undurchschaubaren Labyrinth, die gewünschte Graphie des Namens wird von ihrem System nicht erfasst.

---

214 Umberto Eco (1980): *Il nome della rosa*

215 EI: 495. Dt.: dass es in der Welt keine Ordnung gibt

216 Gérard de Nerval (1854): *Angélique*

217 Anstelle des gesuchten Titels (La Histoire de l'abbé de Bucquoy) findet er Versionen mit anderen Schreibweisen des Namens (abbé de Buquoy, abbé du Bucquoy bzw. Dubuquoy u.a.).

3.4.3.2 Die Bibliothek als Spiegel

> „En el zaguán [de la biblioteca] hay un espejo, que fielmente duplica las apariencias. Los hombres suelen inferir de ese espejo que la Biblioteca no es infinita (si lo fuera realmente ¿a qué esa duplicación ilusoria?); yo prefiero soñar que las superficies bruñidas figuran y prometen el infinito ...“[218]

Bibliotheken in der Literatur können auf verschiedenen Ebenen Spiegelungseffekte erzeugen. Sie können sich auf den Kulturbegriff ihrer Epoche beziehen oder das Verhältnis der Autoren oder einzelner Protagonisten zur Welt und ihrer Erschließbarkeit reflektieren. In Giorgio Bassanis Roman *Il giardino di Finzi-Contini*[219] spiegelt die Bibliothek die politische Entwicklung und die Situation der Juden, welche durch die Rassengesetze von 1938 vom Besuch der Stadtbibliothek ausgeschlossen wurden. So fungiert die Bibliothek in diesem Fall als Projektionsfläche auch für außerliterarische Ereignisse.
Bibliotheken – als Aufbewahrungsort von Büchern – thematisieren darüber hinaus das Lesen der Leser und weisen auf die Fiktionalität des literarischen Textes hin. Der Roman *Se una notte d'inverno un viaggiatore*[220] gehört selbst zu den Büchern, die der fiktionale Leser sucht, während die Erzählung *La Biblioteca de Babel* ein Teil der darin entworfenen Universalbibliothek ist.
In der Bibliothek als zentraler Institution der Literatur ist es der Schriftkultur möglich, sich selbst zu reflektieren und durch intertextuelle Verweise Verknüpfungen zu anderen Werken herzustellen.

3.4.3.3 Die Bibliothek als Grabmal bzw. Friedhof

> „Der Weg entlang den Regalen ist wie ein Besuch auf gigantischen Friedhöfen. Bücher sind wie Stimmen von Millionen Gestorbener. Die großen Bibliotheken riesige Totenkammern der Gedanken von Wissenschaftlern, Dichtern, Abenteurern.“[221]

Im Kontext der Verbindung von Grab bzw. Friedhof und Bibliothek existiert eine vielfältige und ambivalente Bildersprache. Viele Literaten verbinden die Bibliothek mit Vergänglichkeitsaspekten: Franz Liszt spricht von der Bibliothek als „Leichenkammer des Wissens“[222], Henry Ward Beecher bezeichnet sie als „the soul's burial

---

[218] BL: 28. Dt.: Im Gang [der Bibliothek] ist ein Spiegel, der den Schein getreulich verdoppelt. Die Menschen schließen gewöhnlich aus diesem Spiegel, dass die Bibliothek nicht unendlich ist (wenn sie es wirklich wäre, wozu diese scheinhafte Verdopplung?); ich träume lieber, dass die polierten Oberflächen das Unendliche darstellen und verheißen.

[219] Giorgio Bassani (1962): Il giardino di Finzi-Contini

[220] Italo Calvino (1979): Se una notte d'inverno un viaggiatore

[221] Käsler (1992): 250

[222] Kliemann(1954): 177

ground" und „the land of shadows"[223], Walther Mehring imaginiert Bibliotheken als „Friedhöfe der Ideen"[224]. Für den peruanischen Autor Julio Ramón Ribeyro ist der Besitz einer Bibliothek ein Anachronismus: „Und doch gibt es Verrückte, die alle Bücher der Welt haben möchten [...], weil man die Berufung zum Totengräber hat und sich gern mit Toten umgibt"[225]. Rilke schrieb die *Sonette an Orpheus* als „ein Grab-Mal für Wera Ouckama Knoop"[226], während Heine – mit ähnlicher Perspektive – dichtet: „Mit Rosen, Zypressen und Flittergold / Möcht' ich verzieren, lieblich und hold, / dies Buch wie einen Totenschrein, / Und sargen meine Lieder hinein"[227]. Anhand dieser Zitate lassen sich die verschiedenen Blickrichtungen der Grab- und Friedhofsmetaphorik erkennen. Die Verbindung zu Tod und Sterblichkeit provoziert aus heutiger Perspektive zunächst den Gedanken an das nutzlos gehortete Wissen, den Wertverlust des Speichermediums Buch und somit das In-Frage-stellen der Bibliothek als Wissensspeicher und Gedächtnisort. Auch der lebensfeindliche Eskapismus der Bücher kann im Kontext der Todesmetaphorik der Bibliothek illustriert werden. Daneben können Bibliotheken jedoch auch als Mausoleen dienen, nicht im Sinne der Verwesung, sondern der Erhaltung bzw. Verlebendigung verstorbener Geister. In diesem Fall wird die Bibliothek nicht nur als Stätte der Toten, sondern auch als Ort der Unsterblichkeit reflektiert. Dann fungiert sie als Raum, in dem sich Vergangenheit und Gegenwart berühren und der Leser in den Dialog mit den Toten treten kann.

3.4.3.4 Die Bibliothek als Heiligtum, als ‚Tempel des Wissens'

> „La Biblioteca existe *ab aeterno.*"[228] – „No puedo combinar unos caracteres [...] que la divina Biblioteca no haya previsto."[229]

Häufig ist das Bild der Bibliothek mit religiösen Sinnzuschreibungen versehen worden. Francis Bacon vergleicht Bibliotheken beispielsweise mit Reliquienschreinen[230] und auch viele Autoren des zwanzigsten Jahrhunderts beziehen sich auf die Bibliothek im religiösen Kontext: So deklariert Henry James die Bibliothek als „Kulturtempel"[231] und Henry Miller erscheint die hohe Decke des Lesesaals als

---

223 Beecher (1974): 1108

224 Mehring (1980): 24

225 Julio Ramón Ribeyro (1991): *Heimatlose Geschichten*: 153, 154

226 Rainer Maria Rilke (1922): *Die Sonette an Orpheus* (Das Zitat wurde dem Untertitel des Werks entnommen.)

227 Heinrich Heine (Ausgabe 1992): *Buch der Lieder*: 73

228 BL: 30. Dt.: Die Bibliothek existiert *ab aeterno.*

229 BL: 41. Dt.: Ich kann nicht etliche Schriftzeichen kombinieren, die die göttliche Bibliothek nicht bereits vorgesehen hätte.

230 "the shrines of the relics of the ancient saints" (Bacon (Ausgabe 1974): 1108)

231 Henry James, zitiert nach Molz (1968): 989

„eine Nachahmung des Himmels selbst"[232]. Bereits im Alltagskontext geläufig erscheint auch der Topos der Bibliothek als ‚Tempel des Wissens'[233].
Diese Sakralisierung kann sich auch auf die Angestellten einer Bibliothek beziehen: So charakterisiert Robert Louis Stevenson in *Prince Otto* seinen Protagonisten, den Bibliothekar Gotthold, als „jungfräulichen Priester des Wissens"[234]. Die Verbindung der Bibliothek mit einem göttlichen bzw. vergöttlichten Wissen ist in vielen weiteren literarischen Werken zu finden: Eine postmoderne und metaphorisch konzentrierte Variante findet sich in Borges' Erzählung *La biblioteca de Babel*, in der der Ich-Erzähler die Vermutung aufstellt, „que la Biblioteca perdurará: iluminada, solitaria, infinita, perfectamente inmóvil, armada de volúmenes preciosos, [...] incorruptible, secreta."[235]

3.4.3.5 Die Bibliothek als Waffenkammer[236]

> „So nennen auch wir den Ort, an dem die Bücher aufbewahrt werden, ‚armarium', denn ‚wie die Weltleute gegen ihre Feinde mit Waffen kämpfen, so kämpft die heilige Kirche gegen die Ungläubigen mit den Sätzen der Väter, die in den Büchern aufgeschrieben sind'" [237]

Wie in der Institutionengeschichte dargestellt[238], wurden Bibliotheken ursprünglich als Machtinstrument göttlicher oder weltlicher Führer eingesetzt. Der Vergleich einer Büchersammlung mit einer Ansammlung von Waffen ist im kirchlichen Umfeld häufig anzutreffen[239], diese Verknüpfung wurde besonders im Mittelalter oft zitiert. Diese Metaphorik blieb jedoch nicht auf den kirchlichen Bereich beschränkt, Bibliotheken gelten auch in den Geisteswissenschaften als „die wichtigsten und unentbehrlichsten Arsenale"[240], als „Rüsthäuser der menschlichen Kennt-

---

232 Henry Miller (1970): *Plexus*: 46

233 „Berlins Mega-Bibliothek. Der Tempel des Wissens" lautete 2009 der Titel einer Online Fotostrecke zur Bibliothek der Humboldt-Universität Berlin (zu finden unter: http://www.news.de/fotostrecke/850690678/der-tempel-des-wissens/1), ein weiterer Artikel mit ähnlicher Bildsprache wurde 2010 von Bernd Musa mit Bezug auf die Neueröffnung der Bibliothek von Alexandria verfasst („Bibliothek von Alexandria. Die gewagte Mission des neuen Wissenstempels": http://www.spiegel.de/wissenschaft/mensch/0,1518,690061-2,00.html).

234 Robert Louis Stevenson (1922): *Prince Otto*: 395

235 BL: 42. Dt.: dass die Bibliothek fortdauern wird: erleuchtet, einsam, unendlich, vollkommen unbeweglich, gewappnet mit kostbaren Bänden, unverweslich, geheim.

236 Verwendet u.a. bei Richard de Bury (1344/45): *Philobiblon*: XVI; Miguel de Cervantes (1605/1615): *Don Quijote*: I, 6, Jonathan Swift (1704): *The Battle of Books*

237 Wattenbach (1958): 430. Das lateinische Bezeichnung ‚arma' bedeutet Waffe.

238 S. Kapitel II,2

239 Vgl. Schmidt (1999): 176

240 Otto Hartwig in einer Stellungnahme zur Reform der königlichen Bibliothek in Berlin, zitiert in Leyh (1957): 343.

nisse“[241]. Gerd Schmidt weist in seinem Aufsatz „Grabmal, Zeughaus, Apotheke: Beobachtungen zur Bibliotheksmetaphorik“[242] darauf hin, dass auch der tiefgreifende kulturelle Wandel, der im Informationszeitalter hervorgerufen wurde, die Aussagekraft der Metapher nicht beeinträchtigt habe[243]. „Il bibliotecario“, erläutert der Abt in Ecos *Il nome della rosa*, „dedica la sua vita a questa guerra contro le forze dell' oblio, nemico della verità“[244].

---

241 Zitat des Wiener Hofbibliothekars Michael Denis zitiert in Flemming (1988): 23

242 Schmidt (1999): 167-188

243 Vgl. Schmidt (1999): 179

244 EI: 46. Dt.: Der Bibliothekar widmet sein ganzes Leben diesem fortwährenden Krieg gegen die Kräfte des Vergessens, des Feindes der Wahrheit.

III. Werkanalysen

1. Thomas Lehr: Zweiwasser oder Die Bibliothek der Gnade[245]

> „Die Bibliothek der Gnade ist eine Alternative. [...] [Sie] zeichnet ein notwendig paradoxes Gegenmodell zu den willkürlichen und autokratischen Mechanismen des Marktes. Ich glaube, es gibt wenig Alternativen; aber das ist kein Grund, die Anklage fallenzulassen. Ich habe einen dreifachen Wunsch: mutiger schreiben, mutiger verlegen, mutiger lesen."[246]

1.1 Einführung

Thomas Lehr ist studierter Biochemiker und arbeitete unter anderem als EDV-Fachmann an der Freien Universität Berlin. Heute lebt er als freier Autor in Berlin. *Zweiwasser oder Die Bibliothek der Gnade* ist sein erster veröffentlichter Roman, der sogleich mehrere Literaturpreise erhielt[247]. Lehr versteht sich selbst als postmoderner Künstler, zentrale Bedeutung hat für ihn die Verbindung von Tradition und Moderne[248]. Ein weiteres wichtiges Merkmal seiner Literatur ist die ästhetisch ambitionierte Auseinandersetzung mit der Geschichte. Ähnlich wie Christoph Ransmayr verbindet Lehr surreale und realistische Elemente in seinem Werk. Charakteristisch für Lehrs Erzählen ist zudem ein meist ironischer Grundton und die diskursive Vielgestaltigkeit seiner Romane.

Tatsächlich ist *Zweiwasser oder Die Bibliothek der Gnade* bereits Lehrs zweiter Roman, in dem er die Erfahrung verarbeitete, mit seinem ersten Manuskript überall abgelehnt worden zu sein[249]. Mit der Satire über den Literaturbetrieb gelang Lehr dann der Durchbruch, die Kritiker erklärten ihn zu einem der Erben des Günther Grass, „die sich mit neuer Unbefangenheit dem Erzählen zuwenden"[250].
Als Motivation für sein Schreiben nennt Lehr die Verarbeitung und Reflexion

245 Thomas Lehr (1992): *Zweiwasser oder Die Bibliothek der Gnade* (Ausgabe 1998). Im Folgenden abgekürzt als **LZ**.

246 Lehr im Interview mit Löser (2003): 54, 55

247 Vgl. Luchsinger (6/2007): 1

248 Vgl. Luchsinger (2007): 9

249 Lehr im Interview mit Löser (1993): 53: „Acht Jahre später konnte ich *Die Erhörung* beenden, einen Roman von circa 700 Druckseiten. Ich fand keinen Verlag, der die Publikation wagte, dafür aber die Idee zum *Zweiwasser*. So erklärt sich das Thema und wohl auch die literarische Qualität dieses ‚Debüts'. [...] Es ging um ein Transzendieren, eine Art Katharsis."

250 Luchsinger (2007): 9

emotionaler und sozialer Spannungen, die in Kunst übertragen, eine kathartische Wirkung auf ihn ausüben[251].

1.2 Inhalt

Der Roman beginnt mit einem kurzen Abriss der Kindheit des Protagonisten Zweiwasser, die durch eine besonders starke Furchtsamkeit vor Tod und dem Vergessenwerden geprägt ist. Erlösung wird dem Jungen schließlich zuteil, als er mithilfe eines Seeräuberromans die unsterbliche Magie der Buchstaben entdeckt:

> „Alles konnte von einem einzigen Menschen verwandelt und gerettet werden, sogar das leise Klatschen von Meereswellen und Küchenabfällen, die ein Schiffsjunge achtlos über Bord geworfen hatte. Der Abstand der sauber in die Ewigkeit des Papiers gesetzten Buchstaben zu seinen Augen schien unendlich. Er sah nur bis zu den eigenen Händen und doch in die ganze Tiefe der Zeit. Was auf diesen Seiten stand, war nicht mehr zu zerstören."[252]

Die zentrale Handlung des Romans setzt dreißig Jahre später ein: Zweiwasser ist auf Honorarbasis als ‚Ambienteberater' bei einem befreundeten Architekten angestellt, wenngleich er die Schriftstellerei als seine eigentliche Berufung empfindet. Erfolglos versucht er, seinen Erzählband „Vom Sterben der Schatten" veröffentlichen zu lassen und hadert mit Selbstzweifeln und Verbitterung. Sein Kampf gegen die uneinnehmbare Festung der Verleger, der bereits seit zehn Jahren und mehreren unveröffentlichten Werken andauert, erscheint ihm als „Trojanischer Krieg"[253]. Die Konflikte zwischen Autoren, Verlegern, Künstlern und Kritikern werden als heroische Schlacht um Reichtum, Ruhm, Macht und Liebe imaginiert. Die Schauplätze der Auseinandersetzungen sind u.a. Orte des Literatur- und Medienbetriebs: ein Literaturwettbewerb, die Redaktion eines mächtigen Verlags und Zeitungskonzerns. Verknüpft mit Zweiwassers Anerkennungskampf im Kontext des modernen Literaturbetriebs sind eine Reihe weiterer Schicksale, die zumeist in engem Zusammenhang mit dem Verlagswesen stehen: der von den Medien gefeierte Journalist und Literaturkritiker Hektor, der rational-ökonomische Verleger und Frauengoutant Alexander, die schöne, überintelligente und namenlose Germanistikstudentin, die als Aushilfe im Architekturbüro arbeitet, die Verlegerfrau und Femme fatale Claudia, der ebenfalls erfolglose mit Zweiwasser befreundete Schriftsteller Meinhardt, die esoterisch-feministische Verlegertochter Karla, die zynische kampfsportfanatische Lektorin Thea Pinsel und der vierschrötige Medienmogul Novak sind nur einige der typisierten RepräsentantInnen des Literaturbetriebs, die

251 Vgl. Löser (1993): 53

252 LZ: 11

253 „Die Verlage sind Troja? Und die Autoren sind die angreifenden Archaier." (LZ 104); Weitere Verweise bei LZ: 14, 28, 30, 143, 166, 188, 209, 212, 261, 262, 280/281, 322.

Zweiwasser als Feinde bzw. Verbündete zur Seite stehen.
Die Darstellung des Hauptteils konzentriert sich auf die Zeitspanne einer Woche im Herbst 1990, zu deren Ende sich die Ereignisse überstürzen und die für viele der Romanfiguren einschließlich Zweiwasser mit dem Tod endet. Während Zweiwasser eine Affäre mit der Frau eines Verlagsleiters beginnt, dessen Hausumbau er planen soll, ist dieser mit zwei weiteren Frauen liiert und muss sich parallel mit der drohenden Verlagsübernahme durch einen Medienkonzern auseinandersetzen. Zweiwassers Schriftstellerkollege und Freund Meinhardt trägt beim Literaturwettbewerb in Tränenstadt auf dessen Bitte einen Text von Zweiwasser vor und erhält als vermeintlicher Verfasser erstmals schriftstellerischen Ruhm. Zeitgleich schläft Zweiwasser mit der Verlagslektorin, die im Moment ihres sexuellen Höhepunktes zu Tode kommt[254] und damit eine blutige Sterbeserie einleitet. Meinhardt nimmt sich das Leben und auch Zweiwasser entschließt sich zur Selbsttötung, nachdem er dem Literaturkritiker Hektor mit einem Füller die Kehle durchstochen hat. Hektors Sohn Fritzchen stürzt sich vom Balkon, Novaks Tochter stirbt den Drogentod, er selbst und seine Geliebte Karla sterben wenig später an einer Vergiftung durch die Schwester Claudias, welche ebenfalls – Jahre später – mit ihrem Mann einer unbeabsichtigten Vergiftung durch den eigenen Sohn erliegt. Am Ende des Hauptteils bleiben nur wenige der ProtagonistInnen lebend zurück, für sie hat sich das Leben grundlegend gewandelt. Zweiwassers Roman erfährt in Folge des Medienrummels, der sich um die Mordfälle im Literaturbetrieb entwickelt, erhöhte Aufmerksamkeit und lässt sich gut verkaufen.
Im abschließenden „Epitaph“ entwirft Lehr eine Bibliotheksutopie, die ein Gegenbild zum parodierten kapitalistischen Literaturbetrieb darstellt: „Die Bibliothek der Gnade“[255]. Diese Erzählung, die Zweiwasser in seiner letzten Nacht in einer kathartischen Abreaktion verfasst hat, wird als letztes Werk des Schriftstellers posthum veröffentlicht. In seiner den Roman beschließenden Funktion gleicht die Erzählung einem Grab- und Gedenkstein, der dem erfolglosen Schriftsteller gesetzt wird.
In seinem Prosawerk imaginiert Zweiwasser eine Bibliothek, die sich zum Ziel gesetzt hat, alle unveröffentlichten Schriftstücke zu publizieren: die Bibliothek der Gnade. Sie ist nicht kommerziell orientiert und bewahrt ausnahmslos alle Schriften auf, die ihr von den AutorInnen eingereicht werden. Nach anfänglichem Erfolg der Bibliothek und gewaltigen Erweiterungen kommt es zur plötzlichen Vernichtung: mittels ihres EDV-Systems löscht sie sich selbst aus und hinterlässt anstelle der Bücher im System ‚kleine Flämmchensymbole‘[256]. Auch die Bücher in den Regalen

254 Dem Leser werden zwei mögliche Todesursachen präsentiert: eine erkenntnistheoretische und eine physische. Die Lektorin stirbt in dem Moment, als der Computer Zweiwassers ihr (als einziger Protagonistin) die totale Weltsicht bzw. -erkenntnis offenbart (LZ: 295, 296: „CONNECTING TO ALL POINTS OF THE WORLD“, „DANGER! TOTAL VIEW“). Der Notarzt hingegen benennt eine Krankheit als Todesursache (Vgl. LZ 297).

255 LZ: 347-359

256 Vgl. LZ: 355

werden von der – anfangs nur virtuell verlaufenden – Vernichtungswelle ergriffen, sie verschwinden „wie in einem dummen Märchenfilm, begleitet von einem unvergesslichen Plop-Geräusch [...] in der Luft, in ein Unsagbares hinein, von einer Sekunde auf die andere, ohne Wiederkehr."[257] Zurück bleibt einzig die ‚Mater Libraria', die Zentrale der Gnadenbibliothek, ausgestattet mit einem Regal und einem ‚Magazinaffen'[258], der weiterhin die Schrifterzeugnisse gelegentlich erscheinender ‚Pilger' annimmt und diese auf dem Regal platziert, woraufhin „nach kurzer Zeit [...] der Gast das Verploppen hören" kann, in der Hoffnung, „dass der größte Verleger sich seiner erbarmt"[259].

1.3 Themenkreise

1.3.1 Kritik an den Mechanismen des Literaturbetriebs und Reflexion der Position der Literatur in der Gesellschaft

Lehr veranschaulicht in Zweiwasser, wie das Verlagssystem mittels der Selektionsmechanismen des Literaturbetriebes Macht auf die Veröffentlichungssituation und das kulturelle Gedächtnis einer Gesellschaft ausübt. Die Bibliothek der Gnade, „das Schattenarchiv der unerwünschten Publikationen"[260], ist ein utopischer Gegenentwurf. Sie versucht „ein einzigartiges, absolut wertfreies Gehirn der Menschheit"[261] zu generieren, um „der Arroganz des Zeitgeistes"[262] entgegenzuwirken. Die Bibliothek der Gnade hat einen weitgefassten, wertfreien ‚literaturkonservativen' Auftrag: Sie nimmt jedes eingereichte Manuskript mit Freuden an, „um es für die späteren Jahrhunderte und deren klügeres Urteil haltbar zu machen"[263].

Die Rolle der Literatur in der Gesellschaft wird im Roman häufig diskutiert[264]:

> „Der Jüngere hatte schon längst begriffen, dass die ambitionierte Literatur zu den Spezialartikeln für ein Spezialpublikum gehörte [...]. Ein Unterelement der Gruppe Printmedien. Nur das Pathos schleppte sie noch mit, aus der Epoche ihrer Potenz, etwas ohne Belang, das aber dazugehörte wie der Griechenheld Ajax zum gleichnamigen Waschmittel. Der neue Slogan trug dem Rechnung, so wie Alexander auch den Verhältnissen Rechnung

---

257 LZ: 357

258 „...paviangroße Roboter, die auf eine Bestellung hin durch die Gänge des Archivs schossen, um das verlangte Buch [...] zu befördern" (LZ: 256).

259 LZ: 359

260 LZ: 348

261 LZ: 348

262 LZ: 348

263 LZ: 348

264 LZ: 203, 204, 254, 276, 277

trug, indem er das Pathos mit Miniauflagen von dreitausend Exemplaren und billiger Paperbackaufmachung stillschweigend verknüpfte."[265]

Am Familienkreis des alten Verlagsgründers, des Vaters von Alexander, Hektor und Karla, illustriert Lehr die gegenwärtige Situation des Verlagswesens. Dort treffen profitorientierte, künstlerische und traditionelle Interessen aufeinander und werden anhand ihrer RepräsentantInnen karikiert. Das satirisch überspitzte Agieren der ProtagonistInnen im Kontext des Literaturbetriebs dient der Reflexion von Literatur in der Gegenwart. So gipfelt Alexanders Rede anlässlich des Verlagspublikums in der Frage:

> „Was aber bleibt? […] Wenn die Literatur unter die Panzerräder der schnellen Bilder kommt? Wenn sie nur noch zwischen Video-Clips und der neuesten Software-Version aufzucken darf?"[266]

Und sein Vater ergänzt sentimental in Gedanken:

> „Die Lust der Erinnerung. Das Auskosten der Tatsache, dass man in besten Kräften gestanden hatte, als der Literatur noch einige Bedeutung zugekommen war. Und: das Anschauen. Ein Schopenhauersches Anschauen. Das Zusehen mit dem Vergnügen, nichts mehr verbessern oder auch nur abändern zu müssen."[267]

Eine programmatische Lösung wird jedoch auch von der jüngeren Generation nicht präsentiert, denn Alexander schließt seinen Vortrag lediglich mit einer pathetischen Werbe-Phrase:

> „DIE DICHTUNG MUSS WEITERGEHEN!'"[268]

1.3.2 Literatur als Weg zur Unsterblichkeit

> „Die Studentin hatte zum Ausdruck bringen wollen, dass Zweiwasser ein unheimlicher Mensch mit nur einem einzigen Ziel sei, nämlich dem, seinen eigenen Tod mit Hilfe der Schrift zu überleben."[269]

Zweiwassers Furcht und Panik vor dem Tod und dem Vergessenwerden, seine starke Sehnsucht nach Beständigkeit und Unsterblichkeit tritt bereits in seiner Kindheit als unerwünschtes Persönlichkeitsmerkmal hervor und dominiert sein gesamtes Leben. Seine Handlungen sind motiviert durch den Wunsch, über die Zeit hinaus zu bestehen:

---

265 LZ: 215

266 LZ: 134

267 LZ: 135

268 LZ: 134-137

269 LZ: 158

> „Der Mensch hatte keine Chance. Ungeheure Gewichte belasteten die Welt. Überall ein tödliches Gesetz [...] Was konnte man tun? Gab es dafür keinen Beruf?“[270].

Zweiwasser ist auf der Suche nach „eine[r] Geborgenheit in den Köpfen der Lebenden“[271] und als er die Literatur als eine mögliche (Er-)Lösung begreift, setzt er fortan immer mehr Anteile seiner Existenz aufs Spiel, um sich durch die Schrift Unsterblichkeit zu verschaffen. Um Energie für das Schreiben zu erhalten, kündigt er seine Arbeitsstelle als erfolgreicher Pharmavertreter und lässt seine Familie auseinanderbrechen. Um gedruckt zu werden, beginnt er seinen privaten Trojanischen Krieg, der ihn jedoch nach zehn Jahren noch nicht zum Erfolg geführt hat.

Zweiwasser betrachtet die Schrift nicht nur als Fixierungsmöglichkeit von Zeichen, er sieht sie als Möglichkeit, seine Existenz in der Zeit festzuhalten, sein Dasein zu verewigen. Tatsächlich erhält er nach seinem Tod den ersehnten Erfolg, als sich sein Werk ‚Vom Sterben der Schatten‘ infolge des Medienrummels zwanzigtausendmal verkauft und auch seine letzte Erzählung über ‚Die Bibliothek der Gnade‘ posthum veröffentlicht wird. Die Figur des Zweiwasser tauscht so ihre physische Existenz gleichsam gegen die Präsenz in der literarischen Welt. Ironischerweise verarbeitet Zweiwasser in diesem Text die Erkenntnis, seine Welt nicht retten zu können:

> „Die Anmaßung bestand darin, zu glauben, *alles* in den brandsicheren Raum außerhalb des Zeitfeuers bringen zu können. Das Schreiben rettete nur den Schreibenden. Nicht Claudias Haare, nicht ihre hochgespannten vollen Brüste. Nicht einmal sich selbst als das, was er wirklich war, vermochte er in den Asbest der Buchstaben zu treiben“[272].

Die Bibliothek der Gnade scheint eine Antwort auf die Bemühungen der AutorInnen um einen Verlag und somit um Unsterblichkeit zu sein, da sie über keinerlei Selektionsmechanismen verfügt, die Kontrollfunktion und damit die Macht der Verlagshäuser über den Zutritt zur Öffentlichkeit bzw. Ewigkeit außer Kraft setzt. Das „weltweite Gnadensystem“[273] verhilft Millionen von Menschen, sich zu verewigen, und hat neben dem psychologischen auch einen demographischen Nutzen: „...denn mit der Gewissheit eines jeden, einen Teil von sich in die Zukunft hinüberzuretten, sank auch das Bedürfnis nach Fortpflanzung segensreich ab“[274].

Dieses imaginierte „Gnadensystem“[275] erweist sich jedoch nicht als dauerhaft existenzfähig, es zerstört sich selbst aus unerfindlichen Gründen.

---

270 LZ: 8

271 LZ: 344

272 LZ: 335

273 LZ: 354

274 LZ: 355

275 LZ: 354

1.3.3 Kapitalismuskritik und Zeitbegriff

> „Sie [die Griechen] haben das Feuer entzündet [...]. Aber sie begreifen nicht, dass sie brannten. Denken Sie an die Statuen. Ihre blinde Sehnsucht nach Ruhe und Vollkommenheit. Die Griechen haben die Geschichte erfunden, das dynamische Prinzip, die Flamme des Heraklit."[276] „Feuer, das ist eben diese Entwicklung, das unaufhaltsame Voran! [...] und das nenne ich das Feuer: Steigerung der Menschenzahl, Steigerung der Komplexität, Steigerung der Begierde der Gesellschaft nach sich selbst! [...] Der gemeinsame Nenner ist nur dieses *Mehr*, und dieses *Mehr* verzehrt alles, bis es sich selbst die Luft gefressen hat."[277]

Lehrs Protagonist Zweiwasser erlebt die Zeit unter dem heraklitischen Aspekt, einem fortwährenden Verbrennen der Gegenwart. Mit Zweiwassers Aufbegehren gegen die Vergängnis bezieht sich Lehr auch auf den Umgang der Gesellschaft mit dem Phänomen der Zeit im Kontext des Informationszeitalters. Die Tatsache, dass Zeit für den Menschen als physikalischen und biologischen Körper immer im stetigen Fluss gegeben sein wird, der ihn aus dem Wege räumt, führt zu seinem Auflehnen mithilfe der Schriftkultur.
Lehr spielt mit verschiedenen Zeittechniken im Roman, er verwebt Erinnerungen und Vorhersagen mit der Erzählgegenwart und illustriert an Zweiwasser den „blinden Zorn"[278], der sich in einem Menschen in Konfrontation mit seiner Existenzbegrenztheit und dem gleichzeitigen gesellschaftlichen Fortschrittsdrang entfalten kann.

1.3.4 Reflexion der Schriftkultur im Informationszeitalter

Das Schlusskapitel sorgte gesondert für Aufregung, da es als eine Prophezeiung für das Internet verstanden wurde[279]. Lehr, selbst lange Zeit als Informatiker tätig, setzt sich mit den Veränderungen der Schriftkultur auseinander, die bereits infolge des Medienwandels und der neuen Speichermedien eingetreten sind und noch eintreten können. Seine Imagination einer sich selbst auslöschenden Bibliothek erinnert stark an die Warnungen der Bibliothekswissenschaftler, das fragile System des World Wide Web unreflektiert als neue Form des kulturelles Gedächtnisses anzuerkennen und bedenkenlos zu nutzen.

---

[276] LZ: 271

[277] LZ: 291, 292

[278] LZ: 13

[279] Luchsinger (2007): 5

1.3.5 Geschlechterkrieg[280]

In Lehrs Roman wird nicht nur ein Krieg im Literaturbetrieb geschildert, sondern auch ein Krieg auf der Geschlechterebene explizit benannt. Die Liebe ist für Zweiwasser der letzte Kampf, der einzige Krieg „in dem wir wirklich die Körper einsetzen, Haut an Haut, Stirn an Stirn“[281].

Wie später in seinem Roman Nabokovs Katze setzt sich Lehr mit Projektionen des Weiblichen auseinander. Spielerisch beschwört er in seinen Figuren verschiedene Weiblichkeitsmythen und -klischees herauf[282] und setzt gelegentlich auch die Geschlechter in einem spezifischen „wir“[283] perspektivisch gegeneinander in Stellung.

280 LZ: 224, 318 u.a.

281 LZ: 145

282 Bspw. die Figur der sinnlichen Künstlermuse Claudia oder die der latent lesbischen und selbstzerstörerischen Emanze Karla

283 LZ: 204, 224, 294

1.4 Zur Darstellung der Bibliothek

Die Erzählung „Die Bibliothek der Gnade“ ist inhaltlich nicht direkt mit der eigentlichen Romanhandlung verbunden. So steht außer Zweiwasser keine der Figuren in Bezug zu der imaginierten Bibliothek, diese wird auf einer anderen Ebene fiktionalisiert. „Die Bibliothek der Gnade“ besitzt zwei Verfasser: den realen Autor und Internetspezialisten Lehr sowie den erfolglosen und realitätsmüden Schriftsteller Zweiwasser. Sie ist auf mehreren Ebenen zu interpretieren: Zum einen als Vision des frustrierten Autors Zweiwasser, der mit seinem Ziel der Veröffentlichung gescheitert ist, zum anderen als eine Satire auf den verallgemeinerten Unsterblichkeitswunsch des Individuums unter den veränderten Bedingungen der neuen Schrifttechnologie. Mit der exponentiell angestiegenen Speicherkapazität der elektronischen Medien ist es jedem möglich geworden, sich im World Wide Web zu verewigen.

Wie bereits im Kontext der (literarischen) Unsterblichkeitssehnsucht Zweiwassers geschildert, ist „Die Bibliothek der Gnade“ ein Text, der gleichsam kathartisch verfasst wurde. Nach der Erkenntnis der Beschränktheit aller Existenz scheint Zweiwasser in dieser Erzählung seine eigenen Sehnsüchte zu reflektieren und ad absurdum zu führen.

1.4.1 Empirisches Kontextfeld der Bibliothek

1.4.1.1 Bibliotheksgeschichte

Im Jahr 1997 beginnt die Bibliothek der Gnade initiiert durch einen anonymen Spender damit, ihre Bestände einzuwerben. Sämtliche Schriftstücke, die von Verlagen verweigert wurden, sollen gesammelt, geordnet und konserviert werden. Dabei folgt die Bibliothek keinem Literaturbegriff oder Kanon, sie sammelt selektionsfrei „Tagebücher, verschmähte Enzyklopädien, Waschzettel, Abhandlungen, Träume, Spruchsammlungen, Witze, Pamphlete, Romane“[284] und besitzt nur ein einziges Kriterium: „was auch immer in Schriftform vorliege und gedemütigt sei, es fände nun seinen Ort und seine Signatur“[285]. Des Weiteren ist es ihr Ziel, das Schrifttum der Öffentlichkeit mithilfe modernster Computertechnologie zugänglich zu machen[286]. Wie bereits geschildert, wird hier ein Kriegszug dargestellt, der sich nicht nur gegen das Verlagswesen, sondern gegen die Selektionskriterien des gesamten Literaturbetriebes richtet.

Als sich die Bibliothek nach einer Entwicklungsphase institutionalisiert, zu ihrer Struktur und Systematik gefunden hat und auch die folgenden Probleme der krisenhaften Expansion gelöst scheinen, sieht die Gnadenbibliothek einer erfolgrei-

---

284 LZ: 347

285 LZ: 347, 348

286 Vgl. LZ: 348

chen Zukunft entgegen, bis im Jahr 2027 die Katastrophe in Form der „Verploppung“[287] systematisch alle Bestände auslöscht.

1.4.1.2 Bibliotheksalltag

Die Erzählung spielt die kulturellen, wirtschaftlichen, verlegerischen, sozialen und psychischen Konsequenzen einer digitalen Bibliothek, die für alle Schriften offen ist, realistisch durch. Der Definition nach stellt die Bibliothek der Gnade keine Bibliothek mehr da, da sie keine Bücher in Regalen bereitstellt, sondern die Texte in elektronischen Datenbanken archiviert und lediglich via Terminal zugänglich macht. Die materiellen Originale hingegen werden in unzugänglichen Speichern archiviert, befinden sich in „notdürftig errichteten Zwischendeponien“[288]. Die enorme Speicher- und Verarbeitungskapazität wird durch den digitalen Code ermöglicht[289]. Im Unterschied zu den Bibliotheken der Gegenwart, die mit EDV-gestützten Katalogisierungssystemen arbeiten, basiert die Bibliothek der Gnade vollständig auf der elektronischen Technologie. Ihr physischer Raum ist bedeutungslos, wirkt entsinnlicht, da in den riesigen Hallen keine Schriften geordnet sind. Computer-Terminals ermöglichen den Einstieg in die virtuelle Bibliothek und „ausgeklügelte Retrievalsysteme“[290] organisieren die Literatursuche. In der Bibliothek der Gnade sind demnach einige der wesentlichen Bibliotheksgesetze außer Kraft gesetzt und die Kriterien der herrschenden Diskursordnung des Literaturbetriebs werden unterlaufen: Schriften und somit Wissen werden nicht mehr räumlich geordnet, und die Selektion der eingehenden Schriften nach formalen oder qualitativen Kriterien wie Form, Genre u.ä. entfällt. Lehr rekurriert hier auf den wesentlichen Aspekt digitaler Speichersysteme und Netzwerke wie des Internets: Die undifferenzierte Aufnahme aller Äußerungen in die Datenbanken bzw. Kommunikationssysteme hat ein Anwachsen des Speichergedächtnisses zur Folge und führt daneben zum Austausch und zur Speicherung jeder trivialen Äußerung.
Auch ethische und moralische Selektionen werden so außer Kraft gesetzt. In die Datenbanken der Bibliothek der Gnade gelangt – vergleichbar der Situation im Internet – eine „unglaubliche Menge von Schmutz und Schund“[291]. Die Verwaltung löst dieses Problem mittels einer ‚virtuellen Zensur‘: Alle Manuskripte, die zum Gegenstand eines Schund-, Rassismus- oder Pornographievorwurfs geworden waren, erhalten Einträge in einer spezifischen Kategorie[292]. Der Zugang zu den Manuskripten bleibt allerdings frei, die Zensur ist somit eine hypothetische, die das

287 LZ: 356

288 LZ: 347

289 „Allein im Gründungsjahr gingen 214 567 Manuskripte ein.“ (LZ 348); „Im Jahre 2014 verfügte man über einen Bestand von 143 000 000 Schriftstücken.“ (LZ: 354)

290 LZ: 348

291 LZ: 352

292 Vgl. LZ: 353

eigentliche Problem nicht zu lösen vermag.
Insgesamt erscheint Lehrs Science-Fiction-Version einer virtuellen Bibliothek durchaus realistisch. Konsequent setzt er die Tendenzen der gegenwärtigen Kommunikationskultur fort.

1.4.2 Metaphorisch-symbolisches Kontextfeld der Bibliothek

Lehrs Bibliothek der Gnade steht im Kontext der Wissenssymbolik, der Diskurse um Gedächtnisfunktion und Macht der Kanons und referiert auf mythologische Aspekte. Daneben generiert sie eine bibliotheksspezifische Metaphorik, wie ich im Folgenden erläutern möchte.

1.4.2.1 Die Bibliothek im Kontext der Wissens-, Ordnungs- und Gedächtnissymbolik

Die Bibliothek der Gnade dient der Aufnahme von abgelehnten Schriften. Es wird vorausgesetzt, dass es auf Grund der „Arroganz des Zeitgeistes“[293] und der Profitgier der Verleger unangemessen sei, in der Gegenwart eine Selektion der Texte vorzunehmen. Es ist die Intention der Bibliothek der Gnade, für die Erhaltung aller Schriften der Gesellschaft zu sorgen, um die Erzeugnisse „späteren Jahrhunderte[n] und deren klügere[m] Urteil“[294] zuzuführen. Sie erfüllt nicht in sich die Universalität (die von Verlagen angenommenen Texte werden nicht von ihr aufgenommen), aber sie ist ihr Ziel. Sie liefert einen wesentlichen Beitrag, um diese zu konstruieren.

Die Bestände der Bibliothek der Gnade wachsen, wie bereits geschildert, durch den Verzicht auf jegliche Selektionsmechanismen stark an. Zwar kann die zunehmende Menge an Schriften durch Digitalisierung weiterhin verwaltet werden, doch die Bibliothek erfüllt die Gedächtnisfunktion nicht mehr. Auf der Basis der wahllos aufgenommenen Menge von Zeichen kann kein Wissen mehr erlangt oder überliefert werden. Ohne qualitatives Selektionskriterium nimmt die Bibliothek auch eine Unmenge an unsinnigen, falschen und fehlerhaften Schriften an. Anhand der Funktionslosigkeit der Bibliothek der Gnade als kulturelles Gedächtnis zeigt Lehr, dass ein Wissensspeicher nicht nur mithilfe einer universalen Speichermaschine generiert werden kann.

1.4.2.2 Bibliothek und Intertextualität

Eine Vielzahl von Verweisen und Anspielungen ist in die Handlung verwoben: Es finden sich u.a. Verweise auf die griechischen Mythologie[295] und Philosophie[296],

---

293 LZ: 348

294 LZ: 348

295 Eine Liebesdroge bestehend aus „Anosia und Nektar“ (LZ: 24, 25); „Faistos“ (LZ: 25, 84, 267), ein Konzern, der Luxusartikel produziert; „Hadesfahrt“, der Titel einer Erzählung Zweiwassers (LZ: 67-69, 76, 240, 275); Schauplätze wie das griechische Restaurant „Symposion“ (LZ: 64, 84);

insbesondere auf den Mythos des Odysseus[297]. Daneben existieren einige oberflächliche Anspielungen, insbesondere augenfällig ist hierbei die zweifache Referenz auf die Bibliothek von Alexandria[298].

1.4.2.3 Die Bibliothek als Spiegel des Protagonisten

Die Bibliothek der Gnade wird als Spiegel des Romanprotagonisten Zweiwasser dargestellt. Seine imaginierte Bibliothek verfolgt keine kapitalistischen Interessen und erfüllt auch keine der üblichen bibliotheksspezifischen Selektionsaufgaben. Die Bibliothek der Gnade charakterisiert Zweiwassers Sehnsucht nach Veröffentlichung und Verewigung in der Schrift, reflektiert in einem entpersönlichten kollektiven Rahmen.

1.4.2.4 Mythologische Bezüge

Sowohl der Anspruch als auch das Ende der Bibliothek erinnern an den Mythos der alexandrinischen Bibliothek als universellen Wissensspeicher. Lehr rekurriert, wie bereits geschildert, auf sehr ironische Weise auf den Mythos des alexandrinischen Bibliotheksbrandes. Gerade in dem Moment, als die Probleme der Speicherkapazität durch die Digitalisierung vollständig gelöst erscheinen, folgt der totale Systemabsturz, welcher dem Vergessen kultureller Gedächtniswerte entspricht. Alle Dateien werden gelöscht, auf den Bildschirmen bleibt lediglich ein Flämmchensymbol zurück und auch die Originalmanuskripte werden vernichtet. Dabei ist der konkrete Bezug besonders entscheidend: Die Katastrophe des Löschens aller Texte verweist unmittelbar auf die Variante der realen elektronischen Bibliothek, welche Texte in digitaler Form speichert. So galten die elektronischen E-Books noch in den neunziger Jahren als lukrativer Zukunftsmarkt[299]. In der Bibliothek der Gnade,

---

der „Club Aphrodite" (LZ: 218); Hektors Sohn Fritzchen stürzt sich als „Ikarus" vom Balkon, als er seine nackte Mutter mit einem ihm fremden Mann überrascht (LZ: 305).

296 Auf Platon wird des Öfteren verwiesen, er wird zitiert und gilt als philosophische Orientierungsfigur (LZ: 76, 77, 180, 234). Daneben wird Bezug zur Poetik des Aristoteles hergestellt (LZ: 273).

297 Zweiwasser sieht sich als Odysseus (LZ: 104, 346). Es finden sich viele Verweise auf den Trojanischen Krieg (LZ: 14, 28, 30, 143, 166, 188, 209, 212, 261, 262, 280/281, 322). Die Ilias, die berühmteste Kriegsgeschichte der Weltliteratur, dient Lehr als Vergleichsfolie für die Bemühungen der AutorInnen um einen Verlag, ihren ‚Kampf um Troja': „Wie die Boten der Seuche, mit der die ‚Ilias' begann, kamen ihm die Absagen der Verlage vor, die jetzt gehäuft eintrafen, nachdem er vier Monate zuvor seinen neuesten Erzählband an sie geschickt hatte." (LZ: 18); Meinhardt wird als Zweiwassers „Trojanisches Pferd" (LZ: 28) zum Literaturwettbewerb nach Tränenstadt geschickt.

298 „Er habe lange nach einem passenden Ausdruck für die Atmosphäre gesucht, die weiche Dunkelheit, die Stimmung. […] ‚Es ist ein archaisches Raumschiff', sagte er nun. ‚Das ist der Ausdruck, den ich gesucht habe. Ein Raumschiff, gestartet in der Zeit der Bibliothek von Alexandria'" (LZ: 75); „In dem Haus liegt mehr Staub als in der Bibliothek zu Alexandria', erklärte sie." (LZ 93)

299 Vgl. Seefeldt, Syré (2007): 102

in der die gelöschten digitalen Bestände auch eine lokale Verortung haben, ergibt sich eine parallele Vernichtung der Papierbestände. Lehr weist hier möglicherweise auf die Situation der Server hin. Die elektronischen Daten stehen heute – wie im Kontext der Bibliotheksgeschichte geschildert wurde – in direkter Verbindung zu realen, lokalisierbaren Servern, die manipulierbar und zerstörbar sind. Was Lehr als „Verploppung“[300] imaginiert, ist als Datenvirus bzw. Absturz des Servers interpretierbar und führt zu einer Vernichtung der gesammelten Bestände. Als EDV-Spezialist weiß Thomas Lehr um die Dimensionen und Gefährdung der neuen Informationsspeicher. Dies verknüpft er mit der Situation im Literaturbetrieb, welcher sich ebenso wie die Printmedien Buch oder Zeitschrift durch die radikalen Umbrüche in Frage gestellt sieht und sich neu zu definieren sucht[301].

Während die Bibliothek der Gnade zunächst die verletzten Eitelkeiten der AutorInnen zu heilen vermag, löst die Erzählung jedoch nicht die Probleme der Bibliothek und des kulturellen Gedächtnisses. Lehr entwirft keine bessere Welt, er bietet keine moralischen Lösungsvorschläge. Die unaufhaltsam anwachsende Bibliothek der Gnade wird scheinbar durch ihren eigenen Mythos zerstört. Da die universelle Bibliothek nicht vollendet werden darf, muss sie – ähnlich dem Turm von Babel – zuvor vernichtet werden. In Lehrs Erzählung ist es ein Computerabsturz, der die totale Bibliothek zerstört. Lehr vermischt hier reale technologische Gefahren mit dem kulturhistorischen Trauma des Bibliotheksbrandes und spielt die Möglichkeit eines Datenverlusts in Extremform durch. Die digital gespeicherten Daten sind manipulierbar und flüchtig. Durch die Immaterialität des Speichers bleibt nach einer totalen Löschung der Daten nichts in den Händen zurück. In der Bibliothek der Gnade lösen sich jedoch nach den digital gespeicherten Texten auch die materiellen Originale auf. Dieses Auflösen scheint nur mit der Logik des Mythos erklärbar, wie der Verweis auf den alexandrinischen Bibliotheksbrand verdeutlicht.

1.4.2.5 Sakralität und Grabmetaphorik

Die Bezeichnung ‚Bibliothek der Gnade‘ verweist bereits auf ein sakrales Charakteristikum. Die Bibliothek fungiert als Zufluchtsort für die Masse der abgelehnten und verletzten AutorInnen gegen die profitgierigen Verlage. Am Ende steht jedoch die Zerstörung, Lehrs Referenz ist ironisch.

Der Text schließt mit einer ironischen Analogie zwischen den Flämmchen auf den Bibliotheksbildschirmen und den Seelen der AutorInnen: Auch wenn ihre Texte aus der Bibliothek der Gnade verschwunden sind, besteht in der Gestalt des jeweils substitutiven Flämmchens noch Hoffnung auf die Gnade des „größten Verlegers“[302]. Hier wird die Hoffnung auf Veröffentlichung mit der auf ein ewiges Leben

---

300 LZ: 356

301 Vgl. Seefeldt, Syré (2007): 102

302 LZ: 359

gleichgesetzt, doch es bleibt offen, ob diese Hoffnung erfüllt werden kann oder ob ihr mit einem „kosmischen Gelächter“[303] begegnet wird.

Zweiwasser gelingt die Verewigung durch die Veröffentlichung seiner Schrift erst nach seinem Tode: So erscheint das Schlusskapitel auch als Vermächtnis, der Titel „Epitaph“ verweist insbesondere auf den metaphorischen Zusammenhang von Schrift, Erinnerung und Grab. Zweiwasser hat mit der Veröffentlichung seiner Erzählung von der Bibliothek der Gnade sein Ziel erreicht, „seinen eigenen Tod mit Hilfe der Schrift zu überleben“[304].

1.4.3 Die imaginierte Bibliothek im Kontext der Postmoderne

Der Roman *Zweiwasser oder Die Bibliothek der Gnade* zeichnet sich auf vielfältige Weise als postmoderner Roman aus. Ich möchte mich an dieser Stelle auf die im Kontext der imaginierten Bibliothek relevante postmoderne Ästhetik konzentrieren.

1.4.3.1 Die Verknüpfung von Diskursebenen

Die Parodie auf den Literaturbetrieb ist die oberflächliche Erzählebene, unter der eine Vielzahl von philosophischen, gesellschaftskritischen Diskursreflexionen stattfindet. Der Fortschrittsglaube, die Relevanz von Literatur in der Informationsgesellschaft, die gesteigerte Sucht nach Unsterblichkeit im Kontext der Flüchtigkeit des Alltags sind – wie bereits ausgeführt – wesentliche Themen des Romans, die auf einer Metaebene diskutiert werden. In der Erzählung der Bibliothek der Gnade referiert Lehr zum einen auf die Machtmechanismen des Literaturbetriebs, dessen Kanons sich in der Realität auch Bibliotheken zu beugen haben, welche er kritisch in Bezug zur kulturellen Gedächtnisfunktion der Bibliothek setzt.
Lehr verknüpft in seinem Roman verschiedene Themen und ermöglicht somit verschiedene Lesarten. Der Text lässt sich als Künstlerroman, als philosophische Erörterung oder gesellschaftskritische Parodie rezipieren oder mit Fokus auf die imaginierte utopische Bibliothek.

1.4.3.2 Unbestimmtheit und Fragmentarität

Weitere postmoderne Charakteristika im Kontext der imaginierten Bibliothek sind die Unbestimmtheit und der fragmentarische Charakter des Werkes: Lehrs allwissender Erzähler spielt mit seiner Macht zu verrätseln. Er schildert zwar linear das Handlungsgeschehen, lässt dabei jedoch manche Handlungsentwicklungen offen[305], während er die Schicksale mancher Nebenfiguren bis in die weite Zukunft verfolgt. Der heterodiegetische Erzähler mystifiziert Ereignisse, greift wesentlichen Hand-

---

303 LZ: 347

304 LZ: 158

305 Vgl. LZ: 331

lungsmomenten durch Vorhersagen voraus[306] und stellt Bezüge zur handlungsfernen Vergangenheit her.
Insbesondere die Bibliothek der Gnade zeichnet sich durch Unbestimmtheit und Fragmentarität aus: Sie wird mystifiziert, sakralisiert und verrätselt. Zwar wird die Bibliotheksorganisation und -technik detailliert geschildert, doch agieren in ihr keine individuellen ProtagonistInnen, sondern lediglich anonymisierte Figuren wie ‚Autoren', ‚Verleger' oder ‚Bibliothekare'. Es herrscht Unklarheit hinsichtlich der Identität des Mäzens, seiner bzw. ihrer Motivation und der Ursache für das Scheitern der Bibliothek.

1.4.3.3 Distanzierte Schreibweise und ironische Grundhaltung des Erzählers

Der ironische Grundton durchdringt nicht nur die Handlungsdarstellung und Sprache, sondern auch die Darstellung der Bibliotheksgeschichte.
Im gesamten Roman, insbesondere in der Schilderung der Bibliothek der Gnade und ihrer Wohltaten, schwingt ein ironischer Ton mit. So rührt eine Diskussion um die Bibliothek „viel Konservierflüssigkeit"[307] auf und das – in Konkurrenz mit der Gnadenbibliothek ausgelöste – verstärkte Engagement der Verlage um ihre AutorInnen wird als „Neue Zärtlichkeit"[308] karikiert[309]. Die Ironie des Erzählers richtet sich vor allem auf die Eitelkeit der Autoren und ihren Wunsch, sich ihrer Existenz und Bedeutung mittels der Präsenz ihrer Schriften zu vergewissern:

> „Es ist kein Geheimnis, dass sich gerade in den Anfängen der Bibliothek die Mehrzahl der Benutzer aus Autoren rekrutierte. Scheinbar gelassen durchstreiften sie die freundlichste Sachlichkeit und barmherzige Liebe zur Literatur verheißenden Säle, ließen sich vor einem Terminal nieder und recherchierten dort so oft und ausgiebig nach sich selbst, bis sie sich vollständig über ihr Vorhandensein beruhigten. Ausrufe des Wohlbehagens und Seufzer der Verzückung mischten sich. Manch einem wurde gar das Glück zuteil, mitansehen zu dürfen, wie ein Wildfremder sich sein Werk unter Hunderttausenden heraussuchte und als druckfrische Kopie zum Lesen empfing."[310]

Der ironische Ton der auktorialen Erzählinstanz kreiert Distanz zum Erzählten. Daneben weist sie noch andere erzählerische Mittel der Distanzierung auf: Es wird aus einer nicht näher definierten Zukunft erzählt (einige Jahrzehnte nach dem Jahr 2029) und aus einer erhöhten Perspektive. Der Erzähler überblickt souverän den

[306] LZ: 73, 108, 330, 331 u.a.

[307] LZ: 350

[308] LZ: 353

[309] Lehr parodiert hier die literaturhistorischen Bezeichnungen der ‚Neuen Sachlichkeit' und der ‚Neuen Subjektivität'.

[310] LZ: 349

gesamten Raum und diese lange Zeitspanne. Auf historisierende Weise berichtet er retrospektiv von der Entwicklung der Bibliothek von ihrer Gründung bis zu ihrem Ende und legt auch – wie in einer Chronik – den Zeitraum durch genaue Angaben der Jahreszahlen fest[311].

1.4.3.4 Fiktionale Verschachtelung, Textmontage und -hybridität, Mischung von Fakt und Fiktion

Insbesondere in der Erzählung des Protagonisten Zweiwasser, welche als Epitaph für den toten Schriftsteller am Ende des Romans wiedergegeben wird, zeigt sich eine Verschachtelung der Erzählinstanzen. Wie bereits erläutert, wird die Erzählung von der Die Bibliothek der Gnade auf einer anderen Ebene als der Prolog oder der Hauptteil fiktionalisiert. Durch ihre geschlossene Form, die Distanziertheit des Erzählers und die Platzierung am Ende des Romans erscheint Zweiwassers Werk als eine Art Parabel: Sie greift die zentralen Themen des Romans auf und konzentriert sie in einer Episode. Anders als in einer typischen Parabel wird jedoch nicht das zuvor Erzählte durch Verbildlichung und Verdichtung begründet und verdeutlicht. Die vorherige Handlung wird weder erhöht noch konzentriert dargestellt, es wird ihr eine mögliche Alternative gegenübergestellt. Dies geschieht nicht auf einer abstrakten oder mythischen Ebene, sondern indem aktuelle Tendenzen der Schriftkultur und des Bibliothekswesens zu einem Zukunftsszenario ausgebaut werden.

Zweiwasser oder Die Bibliothek der Gnade weist eine Vielzahl von intertextuellen Referenzen und Anspielungen auf, wie bereits im Kontext der Symbolik dargestellt wurde. Die Vielzahl an Verweisen durchbricht eine naive Lektüre, der Erzähler spielt dabei mit Fakt und Fiktion[312].

---

311 Die Bibliothek existiert genau dreißig Jahre (von 1997 bis 2027).

312 Bspw. namentliche Verweise auf bedeutende deutsche Autoren wie Böll, Grass, Handke, Frisch (LZ: 280, 281 u.a.)

2. Antonia Byatt: *Possession. A Romance*[313] (Besessen)

„I think we are still living at the end of the Victorian era [...] at least philosophically, in the way we try to understand the world. We've moved on technologically, but the foundations of our ideas are still there [...]. It all turns around the idea of the death of Christianity, the disappearance of God, and I think morally our world doesn't quite know what has been put in place."[314]

2.1 Einführung

Die britische Literaturwissenschaftlerin, -kritikerin und Schriftstellerin Antonia Susan Byatt war mehrere Jahre für das University College in London als Dozentin für Englische und Amerikanische Literatur tätig und publiziert sowohl literarische als auch wissenschaftliche Texte. Seit 1983 arbeitet sie als freie Schriftstellerin und Literaturkritikerin, sie gilt als eine der erfolgreichsten Schriftstellerinnen Großbritanniens[315]. Ihr erster Roman *Shadow of a Sun*, erschien 1964, *Possession* ist ihr fünfter Roman, nach seinem Erscheinen 1990 gewann dieser verschiedene renommierte Preise.

Als herausragend und charakteristisch gilt Byatts detailorientierter Blick auf das Alltagsleben, das Aufgreifen von philosophischen, kunst- und literaturtheoretischen Diskursen und die komplexe Handlungsführung ihrer Romane[316]. Auch wenn sie es ablehnt, als feministische Autorin kategorisiert zu werden[317], zeichnet sich die Auseinandersetzung mit der Rolle der Frau in vielen ihrer literarischen Werke ab. Biographische Parallelen zu ihren Protagonistinnen wurden des Öfteren festgestellt[318], tatsächlich sind alle Werke Byatts im Literaturbetrieb und Hochschulmilieu angesiedelt. Ihre Romane und Erzählungen sind meist streng realistisch verfasst, fantastische Elemente finden sich jedoch in den literarischen Texten, die ihre Figuren produzieren und analysieren. In *Possession* wendet sich die Autorin dem neunzehnten Jahrhundert und dem Viktorianismus zu, den sie trotz kritischer Untertöne positiv bewertet[319]. *Possession* gilt als postmoderner Roman par excellence[320], da er

313 Antonia S. Byatt (1990): *Possession. A Romance* (Ausgabe 1991). Im Folgenden abgekürzt als **BP**.

314 Antonia S. Byatt im Interview mit Mervyn Rothstein (Rothstein (1991): 22).

315 Vgl. Rippl (2006): 232

316 Vgl. Wilpert (2004): 297

317 Vgl. Rippl (2006): 232; Schmid (1998): 80

318 Vgl. Schmid (1998): 80

319 Vgl. Schmid (1998): 81

320 Vgl. u.a. Rippl (2006): 232

auf charakteristische Instrumente der Postmoderne zurückgreift, wie im Verlauf der Analyse noch bibliotheksspezifisch erläutert werden soll. Darüber hinaus ist der Roman hochgradig reflexiv: Er ist nicht nur Vertreter, sondern auch Reflektor der Stilrichtung und führt in einigen Aspekten über die Dogmen der Postmoderne hinaus.

2.2 Inhalt

Der Roman beginnt an einem Septembertag im Jahre 1986 mit einer außergewöhnlichen Entdeckung des Literaturwissenschaftlers Roland Michell in der London Library. In seiner Tätigkeit als Teilzeitassistent des Literaturprofessors Blackadder ist er mit Forschungen zu dem Œvre des fiktiven viktorianischen Dichters Randolph Henry Ash beschäftigt und findet – auf der Suche nach Querverweisen in einem Buch aus der Privatbibliothek des Dichters – zufällig einige undatierte Briefentwürfe Ashs, die scheinbar seit ihrer Entstehung von keinem Menschen erblickt worden sind. Diese Anschreiben sind an eine namenlose „Madam“[321] gerichtet, die Ash bei einer Frühstücksgesellschaft im Haus eines Freundes kennengelernt hatte. Roland kann sich die Identität der Adressatin nicht erklären: Der Dichter gilt als Vorbild eines treuen Ehemannes und war bis zu seinem Tod verheiratet. Forschungsdrang und Wissbegierde verleiten ihn dazu, seinen spektakulären Fund zu verheimlichen und die Originaltexte aus der Bibliothek zu entwenden. Auf der Suche nach Informationen zu der rätselhaften Adressatin, die sich bald als die Dichterin Christabel LaMotte erweist, begegnet Roland der Literaturwissenschaftlerin Dr. Maud Bailey. Diese leitet ein Archiv für Frauenliteratur, ist mit Christabel LaMotte verwandt[322] und mit der Verwaltung ihres Nachlasses betraut. In Mauds Archiv finden sich im Tagebuch von Blanche Glover, der Geliebten Christabels, weitere Informationen über die Beziehung zwischen Ash und der Dichterin. Obgleich sich die Beziehung zwischen dem schüchternen, sensiblen Forscher und der kühlen selbstbewussten Archivleiterin als nicht unkompliziert gestaltet, beschließt Roland, sie in seine Forschungen einzuweihen. Gemeinsam machen sich die beiden Literaturwissenschaftler auf zu einer detektivischen Suche nach weiteren Belegen, mit dem Ziel, die Forschungslage um die beiden Autoren zu revolutionieren. Nicht nur Ashs Biographie als konservativer Ehemann ist fragwürdig geworden, auch LaMottes Geschichte, die bis dato als feministische lesbische Künstlerin gefeiert wurde, muss neu geschrieben werden. Angesichts der stückweise auftauchenden, zunehmend leidenschaftlicheren Briefkorrespondenz beider Schriftsteller lässt sich der bisherige Forschungsdiskurs nicht mehr als Rezeptionsgrundlage aufrechterhalten. Die literarische Schatzsuche wird zur atemlosen Jagd, als sich weitere rivalisierende ForscherInnen an die Fersen der beiden Literaturwissenschaftler heften. Im

321 BP: 7

322 “She was my great-great-grandmother” (BP: 46).

Zuge der Forschungsreisen kommen sich Maud und Roland näher und beginnen vorsichtig eine Liebesbeziehung. Bald stellt sich heraus, dass sich LaMotte nach einer gemeinsamen Reise von Ash trennte und – nach dem Selbstmord Blanche Glovers – zu Verwandten in die Bretagne zog, um dort ein Kind zu gebären, welches als Tochter ihrer Schwester aufwachsen sollte. Später kehrte sie allein nach England zurück, die beiden Liebenden sahen sich für den Rest ihres Lebens nicht wieder. Am Ende des Romans enthüllt sich anhand eines Briefes aus Ashs Grab, dass Maud in direkter Linie von beiden Schriftstellern abstammt: Sie ist die Ururenkelin von LaMotte und Ash, eine Nachfahrin des unehelichen Kindes, das bei Verwandten in der Bretagne aufwuchs.
Abschließend greift Byatt in einem kurzen Postskriptum noch einmal in die viktorianische Zeit zurück: Eine allwissende Erzählinstanz berichtet von einer zufälligen Begegnung Ashs mit seiner Tochter Maia, bei der er sich jedoch nicht als ihr Vater zu erkennen gibt. LaMotte erfährt nie von dieser Begegnung, da Maia es vergisst, ihr eine Nachricht von Ash zu übermitteln.

2.3 Themenkreise

In *Possession* entfaltet sich der Plot doppelperspektivisch über zwei Zeitwelten hinweg, das Viktorianischen Zeitalter und das ausgehende zwanzigste Jahrhundert, welche beide von starken gesellschaftlichen Umbrüchen geprägt waren. Die ProtagonistInnen der Gegenwartshandlung entstammen der akademischen Welt des Thatcher-Englands der achtziger Jahre, einer Zeit der politischen und gesellschaftlichen Rückbesinnung auf viktorianische Werte.

2.3.1 Liebe und Liebesbeziehung im Kontext der Widersprüche

In beiden Zeitaltern wird eine Liebesbeziehung zum Ort der Auseinandersetzung mit zeitgeschichtlichen Konflikten und dem Finden von Lösungsansätzen. Auffallend im Kontext der Spiegelung der Beziehungen ist zunächst die Namensähnlichkeit der vier ProtagonistInnen: Randolph und Roland, LaMotte und Maud.

Die ‚amour fou' des viktorianischen Dichterpaares Christabel LaMotte und Randolph Henry Ash im Jahr 1859 entfaltet sich in ihren Briefwechseln, in denen sie einander ihre Werke vorstellen und über Literatur und Kunst diskutieren. Abgesehen von einigen kurzen geheimen Treffen und einer gemeinsamen Reise können die beiden ihre Liebe nur in poetischen Texten ausleben. Diese Liebesbeziehung spiegelt sich in der Romanze zwischen den beiden Literaturwissenschaftlern Maud Bailey und Roland Michell, die 127 Jaare später deren Spuren folgen und sich auf dieser Forschungsjagd nahekommen.

Zwischen den Beziehungsverläufen ergibt sich für den Leser bzw. die Leserin eine Analogie über die Grenzen der Zeit hinweg: Während Ash und LaMottes Liebesbeziehung kompromisslos gegen die Konventionen der Zeit verstößt und sie mit dem gesellschaftlichen Affront und Tabubruch, den sie mit ihrer Liebesbeziehung generieren, konfrontiert werden, haben sich Maud und Roland, die sich auf der literarischen Schatzsuche näherkommen, vor allem den eigenen Zweifeln, negativen Vorerfahrungen und Bindungsängsten zu stellen. Sie befinden sich auf einer metareflektiven Ebene, müssen sich mit postfreudianischen Ängsten, dem Verlust des Vertrauens in die individuelle Identität und Liebesfähigkeit auseinandersetzen. Während es in der Viktorianischen Zeit nicht den Konventionen des Zeitalters entspricht, über Sexualität und Emotionen frei zu diskutieren, besteht für Maud und Roland im ausgehenden zwanzigsten Jahrhundert die Möglichkeit, offen und bis zum Überdruss über ihre Emotionen zu diskutieren. Beide sind psychoanalytisch versiert und in postmoderner Manier desillusioniert. Was sie begrenzt, sind nicht gesellschaftliche Konventionen, sondern es ist die übersteigerte Aufgeklärtheit, die sie daran hindert, eine romantische Liebesbeziehung einzugehen. Die Entwicklungen erweisen sich als unterschiedlich, alle vier Figuren erleben durch die Liebeserfahrung eine persönlich-biografische Wandlung: Ashs und LaMottes Beziehung zerbricht und LaMotte löst sich nach einer gemeinsamen Reise von Ash. Die Beziehung zwischen Roland und Maud hingegen besitzt ein offenes Ende, eine feste Beziehung zwischen beiden wird als Entwicklungsmöglichkeit angedeutet.

2.3.2 Formen der ‚Besessenheit', zur Thematik des Besitztums

Die titelgebende Besessenheit wird durchgängig thematisiert und reflektiert, drei Leidenschaftsgeschichten werden miteinander verflochten: Die erste Form der Besessenheit entspringt dem Verhältnis des viktorianischen Dichterpaares: Ash zeigt sich zunehmend besessen von LaMotte[323], er fühlt sich von ihr geheimnisvoll angezogen[324] und imaginiert sie als „a princess in a tower", „distant and closed away"[325]. Retrospektiv bekennt er seiner Frau Ellen[326]:

> „For the last year perhaps I have been in love with another woman. I could say it was a sort of madness. A possession, as by daemons. A kind of blinding."[327]

Für die Handlung des zwanzigsten Jahrhunderts ist hingegen die Suche nach Wissen, vor allem die Besessenheit von der Vergangenheit, die zentrale Motivation der Figuren. Mehrfach wird wiederholt, wie wichtig es sei zu wissen, wie es weiterging und wie die Liebesbeziehung endete[328].

---

323 "For months he had been possessed by the imagination of her." (BP: 301)

324 BP: 301

325 Ebd.

326 Berichtet von einer auktorialen Erzählinstanz

327 BP: 492

328 Roland begründet vor Maud den Diebstahl der gefundenen Briefentwürfe mit seiner Neugierde: „I just wanted to know what happened next." (BP: 57). Und als die Kassette aus dem Grab un-

In der Welt der Wissenschaft ist der Wille zum Wissen ein starker Antrieb, da er eng mit dem Willen zur Macht im Forschungsfeld verknüpft ist. Doch das Bedürfnis nach Wissen von Maud und Roland geht über die übliche Dimension hinaus: Beide scheinen ‚besessen' davon, alles über das Verhältnis des viktorianischen Dichterpaares herauszufinden, und setzen berufliche Stellung, Ansehen und private Freundschaften aufs Spiel, um ihre Recherchen voranzutreiben. So bekennt Maud im Gespräch mit Roland:

> „I want to – to – follow the – path. I feel taken over by this. I want to know what happened. And I want it to be me that finds out. I thought you were mad, when you came to Lincoln with your piece of stolen letter. Now I feel the same. It isn't professional greed. It's something more primitive."[329]

Roland gesteht Blackadder nach der Aufdeckung der Geheimnisse: „I felt possessed. I had to know"[330].

In diesem Zustand von „narrative curiosity"[331] bzw. „narrative greed"[332] zeigt sich auch das Bedürfnis nach Kohärenz und Geschlossenheit der AkteurInnen. Mittels der fiktionalen Überlagerung wird in *Possession* die Unmöglichkeit aufgezeigt, von vergangenen Realitäten ‚Besitz' zu ergreifen[333]. Die auktoriale Erzählinstanz bestätigt und widerlegt die verschiedenen Bilder, die die Interpreten der Gegenwart von der Welt der viktorianischen Figuren entwerfen.

Zuletzt ist auch die Beziehung von Maud und Roland entgegen ihrer Vernunfthaltung und ihren Ängsten von einer emotionalen Besessenheit geprägt, wie sie sich gegenseitig eingestehen. So bestätigt Roland Mauds Liebeserklärung am Ende des Romans:

> „I love you [...]. It isn't convenient. [...] But that's how it is. In the worst way. All the things we [...] grew up hot believing in. Total obsession, night and day. When I see you [...] everything else – fades."[334]

Jeder in diesem Roman ist besessen und will besitzen: einen begehrten Menschen, ein begehrtes Manuskript, begehrtes Herrschaftswissen. Die Grundfrage der Besitz-

---

rechtmäßig geborgen wird, argumentiert Maud ebenfalls mit dem Drang nach Erkenntnis: „We need the end of the story. [...] ...we must look." (BP: 541)

329 BP: 258, 259

330 BP: 527

331 BP: 259

332 BP: 363

333 Insbesondere im auktorial verfassten Postskriptum, das den Leser bzw. die Leserin über die Begegnung von Ash und seiner Tochter informiert, welche den ProtagonistInnen verborgen bleibt, die zum Ende der Handlung annehmen, die ‚historische Wahrheit' zu kennen.

334 BP: 550

barkeit wird kritisch reflektiert, letztlich kommt keine der Figuren in den Besitz des Begehrten.

2.3.3 Die feministische Perspektivik: Zur Position der Frau in der Gesellschaft

Fragen des Feminismus werden im Roman immer wieder diskutiert: Die selbständige Schriftstellerin LaMotte hat im Viktorianischen Zeitalter für Eigenständigkeit, literarische Anerkennung und gegen männliche Bevormundung zu kämpfen, was sie auch in ihrer Lyrik reflektiert:

> „Men may be martyred / Any where / In desert, cathedral / Or Public Square. / In no Rush of Action / This is our doom / To Drag a Long Life out / In a Dark Room."[335]

Auch Maud muss sich im ausgehenden zwanzigsten Jahrhundert im männerdominierten Wissenschaftsbetrieb durchsetzen, sie ist sich der Parallelität ihrer Schicksale bewusst:

> „I know how she [Christabel LaMotte] felt, felt about her unbroken egg. Her self-possession, her autonomy. I don't want to think of that going. [...] I write about liminality. Thresholds. Bastions. Fortresses."[336]

Für LaMotte bietet die Fiktion einen verfremdeten Artikulationsraum, in dem sie ihrer Daseinsambivalenz zwischen „power"[337] und ‚Fragilität'[338] Ausdruck verleihen kann.

Die Spiegelung der Handlungsebenen zwischen dem viktorianischen England Mitte des neunzehnten Jahrhunderts und dem Thatcher-England von 1986 greift auch auf der Ebene der Geschlechterthematik: Sowohl Christabel LaMotte als auch Maud Bailey ziehen sich vor menschlichen Kontakten, insbesondere vor Männern, zurück. Beide sind überzeugt, ihre Eigenständigkeit in einer Ehe oder Liebesbeziehung nicht aufrecht erhalten zu können. Männer erscheinen als Eindringlinge, welche die Autonomie der Frauen, ihr Leben und ihre Arbeit gefährden. In dieser doppelten weiblichen Handlungskonstellation ist auch eine mythologische intertextuelle Ebene enthalten: Die Verknüpfung mit dem Motiv der Melusine[339] ist tex-

---

335 BP: 125

336 BP: 549

337 BP: 175

338 "merely fragile or glistening female productions" (BP: 176)

339 Der Mythos der Nixe bzw. Meerfee geht auf eine Geschlechtersage zurück, die erstmals von Jean D'Arras 1387 aufgezeichnet wurde. Im Wesentlichen berichtet die Sage von der Beziehung der Melusine mit dem Ritter Raimund. Sie lässt sich auf die Ehe mit Raimund ein, nachdem er ihr geschworen hat, sie an bestimmten Tagen nicht in ihrer Kammer zu besuchen. Als Raimund das Gelübde bricht und seine Gattin im Bade in ihrer Doppelgestalt mit Nixenleib beobachtet, verlässt Melusine laut klagend ihre Familie (Vgl. Jens (1968): 2364-2369).

tuell wie auch inhaltlich gegeben. Beide Frauen haben sich in ihrer Arbeit mit dem Mythos beschäftigt: Während LaMotte ein Vers-Epos über die Melusine verfasst, erforscht Maud das Thema auf der wissenschaftlichen Ebene. Zugleich weisen beide Parallelen in ihrer Biographie auf: Sie verweigern sich zunächst den Männern und gehen schließlich doch zu ihren Ungunsten ein Verhältnis mit ihnen ein. LaMotte wird unehelich schwanger, verliert ihre Geliebte und ihr Zuhause, ja sogar ihre schriftstellerische Potenz. Maud hat äußerst schmerzhafte Erinnerungen an ihre letzte Affäre und scheut sich davor, sich erneut auf andere Menschen einzulassen. Die Protagonistinnen Byatts müssen sich entscheiden, ob sie sich mit Hingabe der eigenen Arbeit widmen oder sich auf eine tiefe Beziehung zu einem Mann einlassen. Die weibliche Autonomie scheint einen hohen Preis zu kosten, ein Drama für eigenwillige begabte Frauen bis in die Gegenwart hinein.

2.3.4 Der wissenschaftliche Literaturbetrieb

Der Roman spielt vorwiegend in Archiven und Bibliotheken sowie in der Literatur selbst, in literarischen Werken. Zu den fiktionalen Werken, die Byatt in *Possession* imaginiert, erfindet sie die zugehörigen wissenschaftlichen Fachkräfte, die sich ausschließlich damit befassen, literarische Werke zu entschlüsseln, zu interpretieren, zu editieren und zu publizieren, und dies jeweils auf eine eigene Art und Weise, mit unterschiedlichem Potenzial, Geschlecht und Wesensart.
Als sich in den Briefen die Hinweise auf eine Affäre von Ash und LaMotte verdichten, sehen Maud und Roland die Notwendigkeit, ihre bisherigen Kenntnisse zu revidieren und zugleich die Möglichkeit, sich mit neuen Erkenntnissen in ihrem Forschungsbereich zu profilieren, ja ihr Forschungsgebiet von Grund auf zu revolutionieren. Ihnen zur Seite steht eine Reihe weiterer Fachleute, unter ihnen die beiden konkurrierenden Ash-Spezialisten Mortimer Cropper und James Blackadder sowie die feministischen Literaturforscherinnen Leonora Stern und Beatrice Nest, welche sich der Interpretation der Werke Christabels LaMottes bzw. der Edition von Briefen und Tagebüchern der Dichtergattin Ellen Ash verschrieben haben.

Sie alle begeben sich auf philologische Spurensuche und müssen sich am Ende des Romans angesichts der neuen Erkenntnislage mit der Blamage auseinandersetzen, ihre bisherigen Forschungsarbeiten revidieren zu müssen. Die akademische Welt als Paralleluniversum wird durch die Entdeckung der Liebesaffäre der beiden viktorianischen Dichter völlig auf den Kopf gestellt, alte Wahrheiten werden als Fälschung entlarvt. Durch die neuen Fakten hat sich eine veränderte Interpretationsgrundlage für sämtliche Werke ergeben.

Die beiden literarischen Welten werden kontrastiv dargestellt: Während die Gedanken der fiktiven Viktorianer maßgeblich auf das Moment der schöpferischen Kreativität ausgerichtet sind, werden die Figuren des ausgehenden zwanzigsten Jahrhunderts, die professionellen Literaturwissenschaftler, als ‚Textparasiten' illustriert, deren produktive Tätigkeit sich aus der Rezeption des einst Geschriebenen generiert. So gewinnt die Gegenwart – indem sie sich einzig von einer toten Wirklichkeit nährt – eine gespenstische Qualität, wie die junge Wissenschaftlerin Maud Bailey reflektiert:

> „This thickened forest, her own humming metal car, her prying curiosity about whatever had been Christabel's life, seemed suddenly to be the ghostly things, feeding on, living through, the young vitality of the past"[340].

Auch die „Ash factory"[341], Rolands Arbeitsstelle im Keller des British Museum, die den literarischen Nachlass des Dichters betreut, wird als verstaubte Textfabrik[342] und Krematorium[343] unter der Leitung von James Blackadder präsentiert, dessen sekundäres Schreiben die Primärtexte gleichsam verschließt[344] und dessen Denken jegliche Autonomie verloren hat[345]. Roland, der das Weltbild von Ash zu ergreifen sucht, erscheint als besessen von dessen Syntax und Rhythmus[346], daneben forschen sein Kollege Wolff Fergus und die Wissenschaftlerin Beatrice Nest in einem „web of categories"[347] im „Inferno"[348] der Ash factory.

Auf der amerikanischen Seite analysiert die Literaturwissenschaftlerin Leonora Stern LaMottes überlieferte Texte aus einer feministischen Perspektive heraus[349] und der reliktbesessene Ash-Forscher und -Biograph Mortimer Cropper versucht mittels der Besitztümer des Dichters diesen zu ‚besitzen', d.h. seine Biographie zu vereinnahmen[350].

2.3.5 Prozesse der Textproduktion und -rezeption

Ash und LaMottes verschriftlichter Dialog veranschaulicht die fruchtbare Wechselseitigkeit von Textproduktion und -rezeption. Im Viktorianismus gilt noch unmittelbar: Text generiert Text. Der Textdialog entfaltet sich in erster Linie außerhalb der Möglichkeiten eines realen Treffens der korrespondierenden Gestalten.

Gleichzeitig erweist sich die nachzeitige Lektüre des Briefwechsels als fruchtbar für die Wirklichkeit der NichtadressatInnen Roland und Maud im ausgehenden zwanzigsten Jahrhundert. So macht *Possession* den Akt des Lesens zum zentralen Mo-

---

340 Vgl. BP: 150, 151

341 BP: 31

342 Vgl. BP: 31

343 BP: 256

344 "The footnotes engulfed and swallowed the text." (BP: 33)

345 "All his thoughts would have been another man's thoughts." (BP: 33)

346 "...he knew the working's of the other man's mind, he had read what he had read, he was possessed of his characteristic halts of syntax and stress." (BP: 144)

347 BP: 126

348 BP: 31

349 Vgl. BP: 265-267

350 Vgl. BP: 463, 464

ment in der Gegenwartshandlung. Auf der Ebene der Beziehung von Maud und Roland entwickelt sich eine neue Ebene der Textrezeption und -interpretation. Ihre Gedanken und Handlungen werden durch Textkommentare der abwesenden historischen Figuren ausgelöst.

2.4 Zur Darstellung der Bibliothek[351]

Byatt imaginiert in *Possession* fünf Bibliotheken bzw. Archive mit real-historischen Kontexten[352] und zwei Archive, die den ProtagonistInnen als Forschungsstätte und als Arbeitsraum dienen. Im Unterschied zu Lehrs handlungsexterner Bibliothek der Gnade fungieren die fiktionalisierten Bibliotheken in *Possession* als zentrale Schauplätze und handlungsinitiierende Fundstätten. Sie referieren auf traditionelle Vorbilder und einen Herrschaftskontext, der Bezug zu den antiken Wurzeln der Institution herstellt, wie im Folgenden näher erläutert werden soll.
Alle Bibliotheken werden aus der Perspektive des Roland Michell wiedergegeben. Für den jungen Literaturwissenschaftler sind Bibliotheken ein vertrauter, angenehmer Arbeitsraum. Er ist mit dem traditionellen altehrwürdigen Bild der Bibliothek vertraut, moderne Varianten wie Mauds Archiv erscheinen ihm suspekt.

2.4.1 Empirisches Kontextfeld der Bibliothek

2.4.1.1 Die imaginierten Bibliotheken des Romans

Die London Library

Von herausragender, handlungsinitiierender Qualität für die philologische Schatzsuche ist insbesondere die London Library, eine wissenschaftliche Bibliothek, in der Roland Michell seinen entscheidenden Fund tätigt. Byatt führt so die Bibliothek bereits von Beginn an als wichtigen Handlungsträger ein, als abenteuerlichen Fund- und Entdeckungsort.
Im September 1986 lässt sich Roland Michell im Lesesaal der London Library ein normalerweise unzugängliches Exemplar des Buches *Principi di una scienza nuova d'intorno alla communa natura delle nazioni* (1725) von Giambattista Vico aushändigen, das sich vormals im Besitz des Dichters Randolph Henry Ash befand. Roland ist auf der Suche nach Querverweisen zu Ashs Werk, die Bibliothek dient ihm dabei als Forschungsstelle und Informationsquelle. Sie ist Rolands liebster Arbeitsort und wird von der Erzählinstanz detailliert als friedlicher, etwas heruntergekommener, aber zivilisierter Ort beschrieben, an dem sich Gegenwart und Vergangenheit vereinen:

---

351 Zur Verbreiterung des Forschungsansatzes habe ich die den Bibliotheken angegliederten Archive ebenfalls in der Analyse berücksichtigt.

352 Nähere Erläuterungen der realen Bibliotheksbezüge finden sich im gleichen Kapitel unter 2.4.3

„Roland had the small single table he liked best [...]. To his right was a high sunny window, through which you could see the high green leaves of St James's Square. The London Library was Roland's favourite place. It was shabby but civilized, alive with history but inhabited also by living poets and thinkers who could be found squatting on the slotted metal floors of the stacks, or arguing pleasantly at the turning of the stair. Here Carlyle had come, here George Eliot had progressed through the bookshelves. [...] Here Randolph Henry Ash had come, cramming his elastic mind and memory with unconsidered trifles from History and Topography"[353]

Die Dr. Williams's Library

Die zweite Etappe auf der Jagd nach Informationen ist die Dr. Williams's Library, die nicht näher charakterisiert wird, sie dient als bloße historische Informationsquelle. Jedoch birgt sie den entscheidenden Verweis auf die Identität der gesuchten ‚Madam' aus der Briefkorrespondenz Randolph Henry Ashs: Im Tagebuch des Dichtermäzens Crabb Robinson entdeckt Roland, dass Ash und LaMotte im Juni 1858 gemeinsam bei Robinson zu Gast waren. Mit seinen neuen Kenntnissen sucht Roland seinen Arbeitsplatz, den Editionsort der Ash-Dichtung, die sogenannte ‚Ash factory' auf, um seinem Professor zumindest über den Fund des Buches Bericht zu erstatten und sich weitere Informationen über Christabel LaMotte einzuholen.

Die Bibliothek des British Museum und die Ash factory

Die Bibliothek des British Museum, in deren Kellergewölben sich Rolands Arbeitsstelle bei Professor Blackadder befindet, wird als eindrucksvolle Räumlichkeit geschildert: Die Tische des Lesesaals sind unter einer hohen Kuppel wie die Speichen eines riesenhaften Rades angeordnet, der bevölkerte Saal ist hierarchisch strukturiert und semantisch aufgeladen[354].

Die Lage des Arbeitstisches zum Zentrum des Raumes entspricht scheinbar der Relevanz der Forschungen, die dort betrieben werden. Dem Philologen Roland erscheint das Zentrum des Raumes als „inner circle of learning"[355], welchen er mit Dantes Paradies vergleicht:

„...in which the saints and patriarchs and virgins sat in orderly ranks in a circular formation, a huge rose, and also the leaves of a huge volume, once scattered through the universe, now gathered"[356].

In Analogie zu diesem Bild wird die Ash-Forschungsstätte im Keller des Gebäudes von Roland als „Inferno"[357] charakterisiert. Die Räumlichkeiten der Ash factory werden als unbehagliche, weltabgeschiedene Unterwelt beschrieben:

---

353 BP: 4

354 Vgl. BP: 30, 31

355 BP: 31

356 BP: 31

„There was a way down, on iron rungs, from the Reading Room, and a way out, through a high locked portal, which brought you up into the sunless Egyptian necropolis, amongst blind staring pharaohs, crouching scribes, minor sphinxes and empty mummy-cases. The Ash factory was a hot place of metal cabinets and glass cells containing the clatter of typewriters, gloomily lit by neon tubes. Micro-readers glowed green in its gloom. It smelled occasionally sulphurous, when the photocopiers short-circuited. It was even beset by wailings and odd shrieks."[358]

Die Ash factory wird als Arbeitsort Roland Michells, des Projektleiters James Blackadder, des mit Roland konkurrierenden Wissenschaftlers Wolff Fergus, sowie von weiblicher Seite als Arbeitsplatz der Wissenschaftlerin Beatrice Nest und Blackadders Assistentin Paula detailliert beschrieben. Die Darstellung der Forschungsstätte charakterisiert den männlichen Wissenschaftsbetrieb auf parodisierende Weise, die antiquierte Einrichtung und unangenehme Atmosphäre entspricht dem Arbeitsstil Blackadders, bei dem das Chaos dominiert[359].

Im Gespräch mit Fergus erfährt Roland entscheidende Informationen über die LaMotte-Spezialistin Maud Bailey und zu weiteren unveröffentlichten Dokumenten, die diese in dem von ihr geleiteten Archiv für Frauenliteratur in Lincoln beherbergt.

Die Lincoln Library und das Women's Archive

Das Women's Archive der Lincoln Library befindet sich auf dem Universitätscampus in einem gläsernen Turm und wird von Roland konträr zur Ash factory charakterisiert:

„The Lincoln Library could not have been more different from the Ash factory. It was a skeletal affair in a glass box, with brilliant doors opening in glass and tubular walls, like a box of toys or a giant ConstructoKit. There were dinging metal shelves and footfall-deadening felt carpets, pied-piper red and yellow, like the paint on the stair-rails and lifts. [...] The Women's Archive was housed in a high-walled fish-tank."[360]

Der höllenhaften Architektur und Atmosphäre der Ash factory wird das gläserne Frauenarchiv, in seiner Transparenz und Funktionalität gegenübergestellt. Die transparente, strukturierte Bibliothek der Lincoln University spiegelt die kontrollierte, professionell organisierte Arbeitsweise der Maud Bailey, wie im Kontext der Bibliothekssymbolik und -metaphorik noch näher erläutert werden soll.

Doch auch hier ist der Blick nicht ironiefrei: Sowohl die Unterbringung des Women's Archives im Glasturm als auch die Beschreibung als „fish-tank" verweisen auf

357 BP: 31

358 BP: 31

359 Vgl. BP: 31

360 BP: 49

ein Akademikertum im Elfenbeinturm, von Forschungsarbeiten, die ebenso wie in der Ash factory weit entfernt von der Alltagsrealität stattfinden. In Mauds Archiv befindet sich Blanche Glovers Tagebuch, welche ebenfalls bei der Gesellschaft in Robinsons Haus anwesend war, bei der sich LaMotte und Ash kennenlernten. Die Einträge verweisen auf eine Vergrößerung der Distanz zwischen Blanche und Christabel LaMotte und auf einen zunehmenden Briefkontakt zwischen der Dichterin und Ash[361].

Die Privatbibliothek der Familie Bailey auf Seal Court

Nachdem Roland Maud in seinen literarischen Fund eingeweiht hat, machen sich die beiden Literaturwissenschaftler zu den Nachkommen LaMottes auf, welche über ihre letzten Besitztümer verfügen. Auf dem Familiensitz finden sie im Sterbezimmer der Dichterin ein Bündel Briefe versteckt, das sich als gesammelte Korrespondenz der beiden Dichtergrößen herausstellt. Da sich die Erben als misstrauisch erweisen, wird es Maud und Roland erst nach einiger Zeit und nur in den hauseigenen Räumlichkeiten gestattet, die Briefe zu lesen und zu untersuchen. Die familieneigene Bibliothek wird ihnen hierfür als Arbeitsstätte angeboten, Roland beschreibt sie als einschüchternd und ‚eingefroren', an diesem Ort scheint die Zeit stehengeblieben zu sein:

> „The library was stony and imposing, with thickets of carved foliage in its vaulted roof and a huge stone fireplace, swept and empty, with the Bailey arms, a solid tower and a small clump of trees, carved on its mantel. Gothic windows opened onto a frosty lawn [...]. The books, behind glass, were leather-backed, orderly, apparently immobile and untouched."[362]

Zusammenfassend lässt sich ein enger Bezug zur Institution der Bibliothek feststellen. Im Fokus der Darstellung steht dabei die Beziehung der ProtagonistInnen zur Institution, welche als Mitglieder des akademischen Literaturbetriebs die Bibliotheken als vertraute Arbeits- und Forschungsstätten nutzen, ohne dabei Modernisierungsansprüche zu stellen. Hier wird auf das traditionelle Bild der bücherkonservierenden Bibliothek, einem Treffpunkt für Künstler und Forscher referiert. Bibliothekarische Handlungen werden insofern für die ProtagonistInnen relevant beschrieben. Die Autorin bezieht sich insbesondere auf den wissenschaftlichen Bibliotheks- und Archivbetrieb, der auch ihrem eigenen Arbeitsfeld als Literaturwissenschaftlerin entspricht. Byatt thematisiert in ihrem Roman den Bibliotheksalltag, Fragen der Bibliotheksorganisation spielen jedoch eine geringe Rolle, da die Darstellung der Institutionen bald von der Handlung, den spektakulären Entdeckungen, denen sie Raum bieten, überdeckt wird. Als besonders augenfällig im bibliothekarischen Kontext erscheint das geschlechtliche Konnotieren gewisser Bibliotheksräume: Das ‚männliche' Forschungsfeld der Ash factory wird einer

361 Vgl. BP: 51-54

362 BP: 142, 143

‚weiblichen' Form des Women's Archive ironisch kontrastiv gegenübergestellt. Diese Analogie wird insbesondere im Bereich der Strukturierung der Bestände und der Architektur der Bibliotheken bezogen, wie im folgenden Kapitel genauer noch erläutert werden soll.
Die Bibliotheken in Byatts *Possession* fungieren als zuverlässige Schriftgedächtnisse, die die archivierten Texte durch die Zeiten bewahren und zugänglich machen. Zeitgenössische Bibliothekskrisen angesichts von Wissensexplosion und -unübersichtlichkeit, wie sie Lehr thematisiert, kennen die imaginierten Bibliotheken Byatts nicht, ihre Schriftwelt erscheint bis zuletzt intakt.
Es ist möglich, den Bibliotheksfunktionen in *Possession* noch eine weitere Variante hinzuzufügen: das Grab bzw. der Sarg des Dichters Randolph Henry Ash. Neben der bibliotheksspezifischen Metaphorik, die in dieser Szene generiert wird[363], ist hier der funktionale Aspekt, das Archivieren der Dokumente durch die Zeiten, hervorzuheben.

2.4.1.2 Wissen, Bibliothek und Macht – Bezüge zur Bibliothekshistorik

In *Possession* wird im Kontext der Parodie auf den akademischen Wissenschaftsbetrieb der Diskurs um Macht durch spezifisches Wissen angesprochen. Hier lässt sich ein direkter Bezug zu den Ursprüngen der Bibliothekshistorik in der Antike feststellen, zu einer Zeit, in der Wissen aus Machtgründen errungen und unzugänglich für die Öffentlichkeit archiviert wurde. In *Possession* gestaltet sich die Suche nach Informationen zu dem viktorianischen Dichterpaar ab dem Moment zur Jagd, in dem sich weitere, miteinander konkurrierende WissenschaftlerInnen beteiligen, um den Ruhm der Entdeckung neuer biographischer Hintergründe für sich zu proklamieren. Indem Roland die Regeln der Bibliothek bricht und Dokumente aus dem Besitz der London Library entwendet, verändert er die Situation: Das öffentlich zugängliche Wissen wird verborgen und er selbst wird zum gejagten Informationsträger. Auch Maud Bailey verfügt als Leiterin des Archivs und Besitzerin des Tagebuchs von Blanche Glover über einen privilegierten Informationszugang.

Insgesamt lässt sich konstatieren, dass sowohl Räumlichkeiten als auch Funktionsweise der imaginierten Bibliotheken unbeeinflusst von den neuen Technologien des Informationszeitalters scheinen. Obgleich Byatt die akademische Welt mit einem ironischen Unterton schildert, ist die Darstellung der Bibliotheken durchgehend positiv: Alle Bibliotheken erfüllen die zentralen bibliothekarischen Funktionen: das Wissen über lange Zeit systematisch zu archivieren und für folgende Generationen zugänglich zu machen. Die Institutionen besitzen entscheidendes Lösungspotenzial und bieten identitätsstiftende Informationen für die WissenschaftlerInnen auf ihrer Suche nach Erkenntnis.

363 Nähere Erläuterungen finden sich im gleichen Kapitel unter 2.4.2

2.4.2 Metaphorisch-symbolisches Kontextfeld der Bibliothek

2.4.2.1 Die Bibliothek im Kontext der Grabmetaphorik

Die Metaphorik der Grabstätte im Kontext des archivierten Wissens findet in *Possession* zweifach Verwendung: Gleich zu Beginn wird Roland in der London Library ein Buch ausgehändigt, welches in sich verborgen die entscheidenden Informationen für die folgende Schatzsuche birgt. Dieses Buch ist wie eine Mumie verschnürt und aus einem Sperrfach ‚exhumiert' worden[364].

Die Fundstätte des letzten, alles aufklärenden Dokuments, des Nachweises, der Maud Bailey als Ahnin des viktorianischen Dichterpaares ausweist, ist das Grab Ashs. Hier wird eine Verbindung zur antiken Grabritualik aufgezeigt, der Mitgabe von geliebten Besitztümern: Ashs Ehefrau legt ihm den ungeöffneten Brief der ehemaligen Geliebten LaMotte in einer Kassette mit ins Grab. Damit sorgt sie für eine Aufklärung der Abstammungsverhältnisse viele Jahre nach dem Tod der direkt betroffenen Personen und für die Weitergabe der Briefkorrespondenz in den Besitz von Maud Bailey.

2.4.2.2 Die Bibliothek als Spiegel der ProtagonistInnen und die Symbolik der Ordnung im Kontext der Geschlechterfrage

Für die Beschreibung der Privatbibliothek der Familie Bailey auf Seal Court wendet Byatt das Prinzip der wechselseitigen Charakterisierung von Bibliothek und BesitzerIn bzw. Arbeitsstil an: Die Privatbibliothek von Sir Bailey – einem verarmten Landadligen – zeugt noch von vergangener Pracht des nun heruntergekommenen Herrenhauses. Die in Leder gebundenen und in Glasschränken verwahrten Bücher scheinen von Anbeginn eher eine repräsentative denn eine inhaltliche Funktion erfüllt zu haben[365]. Der Raum ist – aufgrund des infunktionalen Kamins – mit Kälte erfüllt, analog zum kühlen, ablehnenden Verhalten des Hausherrn gegenüber den Eindringling-en Roland und Maud, aber auch zu Mauds Verhalten gegenüber Roland und zu der Konkurrenzsituation zwischen den beiden Wissenschaftlern. Wie bereits im Kontext der empirischen Bibliotheksdarstellung umfassend erläutert, steht sowohl die Ash factory als auch das Women's Archive ebenfalls in direktem Bezug zu ihren LeiterInnen.

Daneben ist bei diesen Räumlichkeiten auch die Geschlechterthematik von entscheidender Bedeutung: Byatt generiert zwei verschiedene wissenschaftliche Archive, die zum einen männlich – in Form der Ash factory – und zum anderen weiblich – in Form des Women's Archive, das auch als LaMotte-Forschungsstelle dient – konnotiert werden. Auf der einen Seite steht das im dunklen, infernalischen Raum

---

364 "It was bandaged about and about with dirty white tape [...]. It had been exhumed from Locked Safe no. 5."(BP: 3, 4)

365 Vgl. BP: 142, 143

angehäufte unüberschaubare Wissen als Editierungsgrundlage für das Œuvre des viktorianischen Dichterfürsten Ash[366], auf der anderen Seite steht das transparente, effizient strukturierte Archiv der Maud Bailey[367]. In der Ash factory arbeiten bevorzugt Männer, die Frauen werden dort entweder an den Rand gedrängt wie Beatrice Nest, deren Arbeitsplatz einer Höhle aus Aktenschränken gleicht und die ohne eigene Publikationen wenig Anerkennung erhält[368], oder wirken aufgrund ihrer niedrigen Qualifikation persönlich bedeutungslos wie Paola, die farblose Assistentin Blackadders[369].

Wie bereits geschildert, wird dem scheinbaren Chaos Blackadders und Rolands nichtexistentem eigenen Arbeitsplatz Mauds Archiv und Arbeitsraum ausdrücklich gegenübergestellt[370]. Sie hat sich in ihrem Archiv einen funktionalen Raum geschaffen, wenngleich dieser von männlicher d.h. Rolands Seite als zu rational und unattraktiv empfunden wird:

> „The books were arranged rationally, thematically, alphabetically, and dust free; this last was the only sign of housekeeping in that austere place. The beautiful thing in that room was Maud Bailey herself [...]."[371]

2.4.2.3 Die Bibliothek als Raum der Suche nach Wissen und als Gedächtnisspeicher

Die Bibliotheken und Archive in Byatts Roman dienen den forschenden ProtagonistInnen als zentrale Orte der Suche, als primäre Informationsquellen und als Speicher von Wissen, das für die Gegenwart neu fruchtbar gemacht werden kann. Die Metaphorik des Bücherschatzes wird hier ebenso reaktiviert wie eine sakrale Bildsprache[372].

In Byatts Bibliotheksroman wird auf figuraler Ebene kein Diskurs über die Objektivität des historischen Wissens geführt, es wird nicht in Frage gestellt. So wie zuvor das Bild des mustergültigen Ehemannes als richtungsweisend für die Ash-Forschung galt, wird nun, mit Kenntnis der Affäre und der Nachkommenschaft kritiklos ein neues Wissen generiert. Dies wird jedoch durch die Ergänzungen der heterodiegetischen auktorialen Erzählinstanz, insbesondere im Postskriptum, für den Leser bzw. die Leserin ironisch perspektiviert.

---

366 Vgl. BP: 31

367 Vgl. BP: 49

368 Vgl. BP: 31, 32, 36

369 Vgl. BP: 31

370 Vgl. BP: 31, 45, 49

371 BP: 45

372 Roland verhält sich angesichts der altehrwürdigen London Library andächtig, für ihn scheint die Bibliothek eine sakral-kirchliche Atmosphäre auszustrahlen (Vgl. BP: 4), im Licht der hohen Bibliotheksfenster birgt er die geheimnisvollen Dokumente.

2.4.2.4 Bibliothek und Intertextualität

Wie bereits erläutert dienen die Bibliotheken in *Possession* als Text-Fundstellen. Entsprechend der gefundenen Verweise gestaltet sich die Schatzsuche der ProtagonistInnen: Die Beziehung zwischen den Texten ermöglicht es den ProtagonistInnen des ausgehenden zwanzigsten Jahrhunderts, die tatsächlichen Ereignisse im Viktorianischen Zeitalter fragmentarisch nachvollziehen zu können und damit die (Literatur-)Geschichte neu zu schreiben.
Insbesondere die einleitenden Kapitelzitate aus Werken der beiden fiktiven Dichterpersönlichkeiten, die der Leser bzw. die Leserin zunehmend in den Kontext der im Zuge der Gegenwartshandlung erforschten Beziehung beider setzen kann, verweisen darauf, dass Bücher aus anderen Büchern bestehen, von diesen abhängen und mit ihnen korrespondieren.
Das Motiv der Bibliothek spiegelt sich auch in der Struktur des Textes wider. Im Unterschied zu Ecos intertextuellem Universum aus Originalzitaten in *Il nome della rosa* montiert Byatt fast nur erfundene Texte. Sie verknüpft Märchen, Mythen und Ausschnitte aus literaturwissenschaftlichen Abhandlungen und öffnet so einen weiten Raum von Querbezügen und Spiegelungen. In der Ansammlung von Texten und dem Netz von Bedeutungen wird das Bild einer Bibliothek evoziert. Bezieht man sich auf dieses Bild, lässt sich in *Possession* auch eine ganz spezifische Form der Kanonisierung ausmachen: Indem Byatt in den Plot der achtziger Jahre Auszüge aus den fiktiven Werken ihrer beiden ProtagonistInnen sowie real-historische Zitate in den Roman einfügt, konstruiert sie ein subjektives und dennoch historisches Bild beider Epochen.

2.4.3 Die imaginierte Bibliothek im Kontext der Postmoderne

> "*Possession* is a postmodernist, poststructuralist novel and it knows it is."[373]

Obgleich *Possession* eindeutig als Repräsentant der postmodernen Ästhetik gewertet wird und eine Vielzahl von postmodernen Verweisen beinhaltet, weisen die fiktionalisierten Bibliotheken des Romans nur peripher Merkmale der Stilrichtung auf.

---

373 Antonia S. Byatt im Interview mit Nicolas Tredell (Tredell (1994): 62).

2.4.3.1 Textmontage und -hybridität, Mischung von Fakt und Fiktion, Fiktionale Verschachtelung, Reflexion des Wahrheitsbegriffes

Als Textroman umkreist *Possession* die Idee der Wahrheit und zeigt die Hybridität der Texte, ihr Bestehen aus Fakt und Fiktion, auf.

Der Roman erscheint auf struktureller Ebene als eine Bibliothek, die ein Konvolut unterschiedlicher Texte, Genres und Motive in sich beheimatet. Es existiert ein dichtes Textgeflecht, die Autorin arbeitet mit fiktiven authentischen Textformen, die sie ihren ProtagonistInnen zuschreibt: Briefe und Brieffragmente, Tagebuchauszüge, Auszüge aus der Sekundärliteratur zu den beiden fiktiven Autoren wie auch aus ihren literarischen Werken (Prosa, Lyrik, Epik) und Zitate.

Mittels der stilistischen Imitationstechnik der Pastiche gestaltet Byatt ein Verwirrspiel zwischen Original und Kopie: Sie gibt den Briefwechsel[374] und auch die Tagebuchauszüge[375] in scheinbar authentischer Form (mit Streichungen im Text) wieder und macht so auf die Entwurfsqualität der Dokumente aufmerksam. Hier wird Authentizität und Wahrheitsanspruch suggeriert, eine Darstellung, die durch die spätere Mitteilung der Absichten der TextverfasserInnen, die Wahrheit zu verbergen (wie in den Tagebüchern von Ashs Ehefrau Ellen), ironisch gebrochen wird. In *Possession* liegt eine Verschachtelung der Erzählinstanzen vor, erzählt wird nicht nur in verschiedener Form, sondern auch auf verschiedenen Ebenen. Zunächst dominiert eine undistanzierte Erzählhaltung, erst durch die auktorialen Ergänzungen, insbesondere im Postskriptum, ergibt sich eine Distanz zur geschilderten Wirklichkeit der Figuren.

Stärker noch als Lehr kreiert Byatt einen Pluralismus von Stimmen und Textarten und gestaltet ein literarisches Hybrid aus Fakt und Fiktion. Reale AutorInnen wie Thomas Carlyle[376], Georg Eliot[377], Giambattista Vico[378] und Robert Browning[379] mischen sich unter die fiktiven ProtagonistInnen der Viktorianischen Zeit. Aus ihren Texten wird ebenso zitiert wie aus den fiktionalisierten Lebenswerken von Randolph Henry Ash (1814-1889) und Christabel LaMotte (1825-1890), die Byatt

---

374 Vgl. BP: 14-16, 113-116, 123, 124, 135-137, 169-171, 175, 176, 177, 178, 200-202, 202-205.

375 Vgl. BP: 156-161, 168.

376 Der schottische Essayist und Historiker Thomas Carlyle (1795-1881) war im viktorianischen Großbritannien sehr erfolgreich. Auf ihn wird im Kontext von Rolands Gedanken zur London Library referiert (BP: 4).

377 Das Pseudonym der britischen Schriftstellerin Mary Ann Evans (1819-1880), auf sie wird von Roland ebenfalls im Kontext der Atmosphäre in der London Library Bezug genommen (BP: 4).

378 Ein italienischer Geschichts- und Rechtsphilosoph (1668-1774), der sein Hauptwerk *Principi di una scienza nuova d'intorno alla commune natura delle nazioni* 1725 veröffentlichte (das sog. *Scienza nuova prima*, denn in den Folgejahren verfasste Vico noch weitere Entwürfe), in welchem Roland auf der Suche nach den Denkspuren Ashs die geheimnisvollen Briefentwürfe findet (BP: 4-10).

379 Aus dem Werk des englischen Dichters und Dramatikers Robert Browning (1812-1889) wird im Prolog des Romans zitiert („Mr Sludge 'The Medium"'(BP: einleitender Text ohne Seitenangabe)).

in realhistorischer Einbettung genregemäß zu gestalten weiß. Die Anzahl der Zitate fiktionalisierter Texte überwiegt allerdings bei Weitem die Anzahl der realen zitierten Texte. Im Kontext einer naiven Lektüre wird nicht bewusst, welches historische Fakten und welches fiktive Inhalte sind.

In diesem spezifischen Kontext werden auch die Bibliotheken in *Possession* generiert: Die meisten der erwähnten Institutionen existieren tatsächlich, die London Library, die Dr. Williams's Library, die Bibliotheken des British Museum und die Universitätsbibliotheken von Lincoln sind reale Institutionen, die – sofern im Roman beschrieben – eine große Ähnlichkeit mit der Architektur der realen Institutionen aufweisen[380]. Aus diesem realhistorischen Kontext sowie der wirklichkeitsnahen Gestaltung anderer imaginierter Bibliotheken[381], in Verbindung mit ihrer hohen Relevanz als Fund- bzw. Forschungsort, resultiert ein herausragend positives Bibliotheksbild. Byatt appelliert an traditionelle bibliothekarische Werte und Funktionen und ignoriert – im Unterschied zu Lehrs gegenwartskritischer und visionärer Perspektive – die Veränderungen durch die neuen Informationstechnologien, welche sich Ende des zwanzigsten Jahrhunderts auch im Arbeitsfeld der Bibliothek bereits abzeichneten.

2.4.3.2 Distanzierte Schreibweise und ironische Grundhaltung

Die Parodisierung des akademischen Literaturbetriebs des zwanzigsten Jahrhunderts erfasst die imaginierten Bibliotheken eher peripher, sie entsteht vor allem auf der Ebene der Personencharakterisierung in Zusammenhang mit der Kritik an der Bildungselite. Blackadders Ash factory wird als chaotisch-unproduktive Wissenslagerstätte imaginiert und auch die Darstellung des gläsernen Women's Archive weist auf die alltagsentfernte Position der Forschenden hin. Auch die Privatbibliothek der Familie Bailey wird kritisch perspektiviert: Zwar wahrt sie noch einen Rest ihres einstmals prachtvollen Ausdrucks, doch bleibt sie ungenutzt und somit sinnentleert. Die Bibliothek scheint von jeher lediglich repräsentativen Wert besessen zu haben, die Bücher werden hinter Glas verwahrt und wirken auf Roland als „apparently immobile and untouched"[382].

---

380 Vgl. dazu die entsprechenden Online-Auftritte: 1. Die London Library (zu finden unter: http://www.londonlibrary.co.uk), 2. Die Dr. Williams's Library (zu finden unter: http://www.dwlib.co.uk/dwlib), 3. Die Bibliotheken des British Museum (zu finden unter: http://www.britishmuseum.org/ research /libraries_and_ archives.aspx), 4. Die Universitätsbibliotheken von Lincoln (zu finden unter: http://www.library.lincoln.ac.uk).

381 Die Ash factory, das Women's Archive, die Privatbibliothek der Familie Bailey

382 BP: 143

2.4.3.3 Geschichtsfiktion und Historiographie

In *Possession* entfaltet sich eine postmoderne Konstruktion von Zeit: In der ‚Gegenwart von Simultaneitäten'[383] ergibt sich ein Nebeneinander von Vergangenheit und Gegenwart. Die erzählte Vergangenheit (zumeist in Briefform) und die erzählte Gegenwart des Romans sind durch das Motiv der Bibliothek eng miteinander verbunden: Die Erfahrungen, die in der Bibliothek gemacht werden, bilden einen Großteil der Erzählgegenwart ab.

Anstelle der empirischen Erfahrung steht die intertextuelle Forschung: Die WissenschaftlerInnen bewegen sich anhand der fiktiven Zitate aus historischen Quellen durch die Geschichte. Die Schrift verbindet über die Zeit hinweg. Die Vergangenheit erscheint als in die Gegenwart importierbar, während die Zukunft als ungewiss und bedrohlich erlebt wird.

In *Possession* wird zugleich ein gebrochenes Verhältnis zur Vergangenheit thematisiert: Beschrieben wird der Prozess des Erinnerns, der Bezugnahme und der Vereinnahmung dieser Vergangenheit durch die Figuren der Gegenwart. Die Vergangenheit wird als fragmentarisches ambiges Erzeugnis einer kollektiven Erinnerungsarbeit kenntlich gemacht. Nicht die Rekonstruktion einer Epoche steht im Zentrum des Textes, sondern der Prozess der Rekonstruktion selbst: Maud und Roland konstruieren mittels der entdeckten Dokumente eine neue Version der Vergangenheit. Durch die abschließende Aufdeckung der Verwandtschaftsverhältnisse erreicht die wechselseitige Bestimmung von Vergangenheit und Gegenwart ihren Höhepunkt.

Im auktorialen Postskriptum wird schließlich auch die neue Erkenntnislage der ProtagonistInnen des zwanzigsten Jahrhunderts als fragmentarisch entlarvt und ein kohärentes Metarécit verhindert:

> „There are things that happen and leave no discernable trace, are not spoken or written of, though it would be very wrong to say that subsequent events go on indifferently, all the same, as though such things had never been."[384]

Zusammenfassend gestaltet Byatt in *Possession* aus der Perspektive des ausgehenden zwanzigsten Jahrhunderts einen Dialog zwischen dem Viktorianismus und der Erzählzeit der achtziger Jahre. Dabei sieht sie die Diskurse der Viktorianischen Zeit als Grundlage für die Diskurse und Konflikte der postmodernen Gegenwart[385]. Mithilfe der Pastiche konstruiert sie ein Abbild der kulturgeschichtlichen Epoche des Viktorianismus aus der Perspektive von LiteratInnen. Ähnlich erfolgreich wie Eco in seinem Mittelalterepos imitiert Antonia Byatt hier die literarischen Tonfälle der Viktorianischen Ära zwischen Romantik und Neoromantik und simuliert den

383 Vgl. Kapitel II.1

384 BP: 552

385 Siehe Kapiteleingangszitat, A.S. Byatt im Interview mit Mervyn Rothstein (Rothstein (1991): 22).

Sprach- und Denkgestus der Epoche.
Kontrovers dazu erscheint das parodierte Wesen des akademischen Literaturbetriebs der Gegenwart. Die Lösung liegt in der Vergangenheit, diese bringt Erkenntnis und eine Form der Selbstfindung, die über die postmoderne Fragmentarität hinausreicht.
Im Zuge der Aufklärung der literarischen Schatzsuche wird auf das traditionelle Wesen der Bibliothek referiert. Die Bibliothek fungiert als Informationsträger und als kulturelles Gedächtnis.

3. Ermanno Cavazzoni: Le tentazioni di Girolamo[386] (Mitternachtsabitur)

„Non mi complicate le ore che restano, che sono già poche; [...] datemi un libro – ho supplicato – datemi un libro sul ventesimo secolo“[387]

3.1 Einführung

Ermanno Cavazzoni ist ein italienischer Universitätsdozent für philosophische Anthropologie sowie Rhetorik und Ästhetik, des Weiteren ist er als Übersetzer, Hörspiel-, Drehbuch- und Romanautor tätig. Der Schriftsteller war bereits mit seinem ersten literarischen Werk, dem philosophischen Roman *Poema di lunatici*[388] 1987, erfolgreich[389]. Im Rahmen seiner akademischen Tätigkeit veröffentlichte Cavazzoni diverse Studien, unter anderem über Gaston Bachelard und Michel Foucault. Wie sehr Cavazzoni am literarischen Experiment interessiert ist, zeigt sich an seiner Mitgliedschaft in der OpLePo[390]. Allen Büchern, die Cavazzoni bisher verfasst hat ist die doppelte Lesart gemein[391]. Der Autor zeichnet sich durch einen Sinn für Komik und Absurdes, eine Vorliebe für das Befremdliche und Entlegene aus. *Le tentazioni di Girolamo* ist sein zweiter Roman, der von der Kritik ebenfalls sehr positiv aufgenommen wurde[392]. Der Titel verweist auf die Erfahrungsreise des Ich-Erzählers, der sich – ähnlich wie einstmals der Kirchengeistliche und Schutzpatron der Bücher Hieronymus – gegen die Widrigkeiten der Buchwelt behaupten muss und ist insbesondere im Kontext der verdrängten Sinnlichkeit und der Kritik an der Schriftkultur zu sehen.

---

386 Ermanno Cavazzoni (1991): *Le tentazioni di Girolamo* (Die Versuchungen des Hieronymus). Im Folgenden abgekürzt als **CL**. Zitiert wird im Original, die Übersetzung findet sich in den Fußnoten.

387 CL: 44. Dt.: ‚Macht mir die Stunden, die mir noch bleiben, nicht noch schwerer, es sind ohnehin nicht viele; so gebt mir doch ein Buch!‘ flehte ich, ‚gebt mir doch ein Buch über das 20. Jahrhundert‘

388 Gesang der Mondköpfe, 1996.

389 Der Roman diente Frederico Fellini als Vorlage für seinen Film *La voce della luna* (*Die Stimme des Mondes*).

390 Hinter dem Kürzel OpLePo das ‚Opificio di Letteratura Potenziale‘ bedeutet, verbirgt sich eine Gruppe von Schriftstellern, die 1990 auf Capri von Ruggero Campagnoli, Raffaele Aragona und Domenico D'Oria gegründet wurde. Grundlage ihres literarischen Schaffens sind die Theorien der 1960 in Frankreich gegründeten Gruppe Oulipo (Ouvroir de littérature potentielle), die durch die Vermittlung von Italo Calvino auch in Italien zahlreiche Anhänger findet. Informationen zu den Aktivitäten dieser Gruppe finden sich im Internet unter: http://www.oplepo.it.

391 Vgl. Knapp (1994): 50

392 Vgl. u.a. Knapp (1994); Stempel (1995)

3.2 Inhalt

Die Romanhandlung konzentriert sich auf eine Nacht im Leben des Erzählers, einen Alptraum, der sich mit der Suche nach einem Buch in einer deformierten Bibliothek befasst. Girolamo ‚erwacht' durch einen Zahnschmerz und wird sich sogleich bewusst, dass er am nächsten Tag die Abiturprüfungen nach vielen Jahren ein zweites Mal zu absolvieren hat[393]. Die Vorladung befindet sich auf einer Postkarte, die in winziger, nur teilweise lesbarer Schrift lediglich einen einzigen Prüfungsinhalt benennt: „La ...[...] del Secolo Venti"[394]. Das Geschehen im Schlafzimmer des Erzählers wird retrospektiv, schemenhaft und fragmentarisch dargestellt. Die Tiefenwahrnehmung des Raumes und das Licht im Zimmer erscheinen verfremdet, auch das Ich-Bewusstsein des Protagonisten wirkt reduziert: „‚Ma come? non ti sei preparato? – provavo a dirmi – e come mai?' Anche questo non lo sapevo, purtroppo."[395].

Als er aufgrund seiner Schmerzen das Haus verlässt, um eine Apotheke aufzusuchen, sieht er in der Nachbarschaft ein Schild, welches ihm grell entgegenleuchtet: „Biblioteca di Pubblica lettura. Orario d'apertura ore ventiquattro. Orario di chiusura ore otto. Chiusa per inventario il lunedì."[396]. Mit dem Ziel, ein Buch zu finden, welches ihm die fehlenden Prüfungskenntnisse vermitteln kann, klingelt er an der Tür und wird – zusammen mit anderen schlafwandlerischen Gestalten – „in una semioscurità molto incerta"[397] eingelassen und bergab durch dunkle Gänge „in una grande sala semibuia"[398] geführt. Mit dem Eintritt in die Biblioteca di Pubblica lettura beginnt eine Odyssee, die den Protagonisten Girolamo mit allerlei grotesken Elementen konfrontiert. Er begegnet einer vielfältigen Tier- und Pflanzenwelt, verwirrten und bzw. oder geistig gestörten Bibliotheksangestellten und -nutzerInnen und erhält auf sein Drängen nach der spezifischen Prüfungslektüre nur sinnlose Textfragmente. Die Bücher sowie die gesamte Bibliothek befinden sich in einem organischen Auflösungsprozess. Das System der Bibliothek verschließt sich selbst und führt den Wissensdürstenden permanent in die Irre.

Am Ende der Nacht entkommt Girolamo lebend, mit einigen nutzlosen Buchfetzen, jedoch ohne das begehrte Wissen. Er erwacht orientierungslos und verstört.

---

393 Es wird behauptet, dass er sein Zeugnis damals nicht abholt habe und es nun verfallen sei.

394 CL: 11, 12. Dt.: Die ...[...] des 20. Jahrhunderts.

395 CL: 12. Dt.: ‚Aber hast Du Dich denn nicht vorbereitet?' versuchte ich mich zu fragen. ‚Und warum nicht?' Auch das war mir leider unbekannt.

396 CL: 9. Dt.: Bibliothek zur öffentlichen Lektüre. Öffnungszeiten: vierundzwanzig Stunden. Schließzeiten: acht Stunden. Montags wegen Inventur geschlossen.

397 CL: 9. Dt.: in ein weidlich unsicheres Halbdunkel.

398 CL: 10. Dt.: in einen großen zwielichtigen Saal.

3.3 Themenkreise

Die Bibliothek und der Kontext der Wissenssuche sind zentrale Themen des Romans, die ich in Kapitel 3.4 noch ausführlich erläutern werde, an dieser Stelle möchte ich mich auf zwei weitere zentrale Themenkomplexe konzentrieren.

3.3.1 Reflexion der Verdrängungsmechanismen der geistigen Welt

Zur organischen Natur des Wissens

Cavazzoni weist in Girolamos Traum auf die materiellen Grundlagen der geistigen Welt hin. Diese glaubte sich durch Zivilisationsprozesse mittels der Schriftkultur von der ‚niederen' Natur gelöst zu haben. Gerade in der Bibliothek, der zentralen Institution der Schriftkultur, wird eine eindimensionale Ausrichtung auf den Geist vorgegeben, körperliche Prozesse werden verbannt. Doch die Biblioteca di Pubblica lettura ist nicht immun gegen die Naturgesetze, sie ist ihnen in stark überzogener Weise ausgesetzt. Gegen die ordnende Kraft der Schriftkultur tritt die Energie eines organischen Verfallsprozesses, der die gesamte Institution in einen Zustand der Auflösung versetzt: Neben den verwesenden Büchern und Regalen werden auch Ordnung und Stille zerstört. Die fundamentale Aufgabe der Bibliothek, Wissen systematisch zu archivieren und zugänglich zu machen, kann nicht mehr erfüllt werden. Diese zentrale Leistung der Schriftkultur ist den natürlichen Zerfallsprozessen zum Opfer gefallen. Cavazzoni bezieht sich hier auf eine Ökologie von Natur und Kultur, die Zusammengehörigkeit von Körper und Geist. Auf dieser Ebene kann der Roman auch als Hinweis auf die Konsequenzen einer beständigen Immaterialisierung der Schriftkultur und die Vernachlässigung des Materiellen und Körperlichen gelesen werden, die sich im modernen Technisierungsprozess weiter potenziert.

Zur verdrängten Sexualität und Weiblichkeit

Die Dichotomie zwischen Sexualität und Geist wird entsprechend der grotesk parodistischen Gesamtstruktur dargestellt, die im Weiteren noch erläutert werden soll. Bücherfixierte Gelehrte verlieren ihre sexuellen Hemmungen und geraten in große Verwirrung, da einige der Bücher mit Aphrodisiakum versetzt sind. Der Direktor erzählt:

> „...ma ho abbastanza elementi per dire che viene sparso sui libri qualcosa di impalpabile o molto volatile che toglie improvvisamente i freni sessuali. [...] Ho visto libri di logica, libri di matematica e calcolo interpretati come romanzi d'amore, letti e riletti con gli occhi lucidi e con quel sorriso stolto dei brutti pensieri."[399]

399 CL: 152. Dt.: ...ich kann aber ziemlich gut belegen, dass die Bücher mit etwas Unfassbarem oder sehr Flüchtigen bestreut werden, das mit einem Schlag alle sexuellen Hemmungen nimmt. Ich ha-

Die strikte Trennung von Wissenschaft und Sexualität in der männlich besetzten Bücherwelt – auch bei Cavazzoni sind die entscheidenden Positionen der Bibliothek männlich besetzt – löst sich im Taumel der Begierde auf. Die für gewöhnlich sublimierte Erotik steigert sich zu konkreten sexuellen Handlungen der Gelehrten an den Büchern. In diesem Kontext werden Bücher nicht nur als Stimulans eingesetzt, sondern fungieren selbst als erotisch aufgeladene Objekte[400].
Girolamo hat sich im männlichen System der Bibliothek insbesondere der verdrängten Weiblichkeit zu stellen. Auf der Suche nach Wissen wird er mit zwei verschiedenen Weiblichkeitstypen konfrontiert, welche seine Sinne benebeln und ihn von seinem eigentlichen Ziel ablenken: mit der Lichtgestalt Iris und der alten Jungfer Bucato[401]. Die Bibliotheksgehilfin Iris ist die einzige, die Girolamo auf seiner verzweifelten Suche zu helfen scheint. Sie ist schön, verführerisch und duftet[402], ihre Stimme ist „come un laccio per volpi"[403]. Letztlich bleibt Iris jedoch unerreichbar, „una fata"[404], die so schnell zwischen den Bücherregalen verschwindet, wie sie aufgetaucht ist. Das Gegenbild dazu ist die unattraktive Studienrätin Bucato, von der Girolamo sexuell verführt wird. Während Girolamo mit Iris den Namen einer Blume assoziiert[405], verbreitet die Studienrätin für ihn einen widerlichen Gestank[406]. Getäuscht von einem betörenden Duft unterliegt er jedoch im Halbdunkel der Bibliothek ihren trügerischen Reizen in dem Glauben, sie sei Iris. Die Gemeinsamkeit beider Frauen liegt in ihrer Verführungskraft, der Girolamo nicht widerstehen kann.
Der männliche Wille zum Wissen wird im Roman von den Frauen auf die Abwege des Begehrens gelenkt. Die Bibliothek empfindet er als „l'antro di Circe"[407]. Inmitten der verfallenden Ordnung der Schrift wähnt sich der männliche Wissenschaftler vom Weiblichen bedroht.

---

be gesehen, dass Bücher über Logik, Bücher über Rechnen und Mathematik als Liebesromane aufgefasst und mit glänzenden Augen und dem dümmlichen Lächeln unkeuscher Gedanken immer wieder gelesen wurden.

400 «...allora uno allunga le mani, [...] palpa la pelle della copertina, mette le dita sotto la costa...» (CL: 153). Dt.: „...dann streckt einer seine Hände aus und betastet das Leder des Umschlags, schiebt seinen Finger unter den Buchrücken..."

401 Vgl. CL: 77

402 Vgl. CL: 65, 74, 77, 78, 118, 119, 121, 167, 168, 171, 175, 181, 183

403 CL: 168. Dt.: wie eine Schlinge für die Füchse

404 CL: 168. Dt.: eine Fee

405 Vgl. CL: 77

406 Vgl. CL: 126

407 CL: 127. Dt.: Höhle der Circe

3.3.2 Die Hinderung am Lesen

> „Io la sconsiglio di leggere: con così poca luce e tanto disordine chiunque si perde d'animo e si dispera; qui i libri non sono mai interi, non si sa di cosa parlano, sono parole a caso che confondon la gente...“[408]

Während Girolamo verzweifelt versucht, im Chaos und Lärm der Bibliothek ein geeignetes Prüfungsbuch zu finden und stattdessen nur mit absurden pseudowissenschaftlichen Texten konfrontiert wird, kann er selbst diese nur unter extrem erschwerten Bedingungen einsehen und rezipieren. Wie im Kontext der Bibliotheksdarstellung noch konkret ausgeführt werden wird, ist die gesamte Atmosphäre höchst leserInnenfeindlich. Neben der vielfältig geschilderten Bedrohungen durch die labyrinthischen und zerfallenen Räumlichkeiten, durch die sadistischen Bibliotheksgehilfen sowie durch einen „zoo velenoso“[409] wild herumlaufender Tiere, stellen auch die Bücher selbst eine Gefährdung des Lesers bzw. der Leserin dar. So warnt der Bibliotheksaufseher Bisolfo Girolamo auch davor, ein Buch überhaupt nur aufzuschlagen:

> „...ci sono muffe che a respirarle danno l'asma, il raffreddore da fieno, allergie alla pelle, acne, infezioni, se non di peggio. [...] può avere delle brutte sorprese: vendette lasciate da altri, come aghi di siringa di Pravaz, congegni a molla acuminati, arsenico, bombette da carnevale, lamette, con pericolo di gravi infezioni, intossicazioni, setticemia e morte.“[410]

---

408 CL: 140. Dt.: Vom Lesen rate ich Ihnen ab: bei dem schlechten Licht und bei so einer Unordnung verliert man ja den Mut und muss verzweifeln; die Bücher sind hier nie ganz, man weiß nicht, wovon sie handeln, es sind irgendwelche Wörter, die die Leute in Verwirrung stürzen...

409 CL: 138. Dt.: giftigen Zoo

410 CL: 140. Dt.: ...es gibt Schimmelarten, von denen bekommt man durch Einatmen Asthma, Heuschnupfen, Hautallergien, Akne, Infektionen, wenn nicht noch Schlimmeres. Sie können schlimme Überraschungen erleben: Racheakte anderer Leser wie etwa Pravaz-Spritzen, Federmechanismen mit scharfen Spitzen; Arsen, Knallfrösche, Rasierklingen, mit Infektions-, Vergiftungs-, Blutvergiftungs- und Todesgefahr.‘

3.4 Darstellung der Bibliothek

3.4.1 Empirisches Kontextfeld der Bibliothek

3.4.1.1 Zur Darstellung der Bibliothek

Cavazzonis Biblioteca di Pubblica lettura ist in hohem Maße deformiert. Die unterirdische Bibliothek ist ein geschlossener Raum, der kaum Verbindungen zur Außenwelt aufweist. Sie hat keine Fenster und ihr Eingang wird von Girolamo mit einem Flaschenhals verglichen, durch den sich die NutzerInnen hineinzwängen müssen, um in die Bibliothek zu gelangen[411].

Der bauliche Zustand der Bibliothek wie auch die Verfassung der Bücher ist sehr schlecht. Überall bröckelt Verputz von den Wänden[412] und wie Naturgewalten brechen die Bücherregale zusammen. Ein Erdrutsch und ein Büchermorast behindern Girolamo bei der Büchersuche[413].

Am deutlichsten sichtbar wird der katastrophale Zustand der Institution am organischen Schädlingsbefall des Bestandes. Die Bücher sind von Schimmelpilz befallen, von Insekten zerfressen, von Fäkalien verunreinigt. Als Girolamo ahnungslos ein Buch öffnet, wird er mit einer Vielzahl von Schädlingen konfrontiert:

> „E per arrivare a un dunque mi metto a sbirciare tra le pagine divaricandole di qualche centimetro; così facendo è uscito di tutto, segatura giallastra, bozzoli secchi di insetti, pelli di ragno e una sabbia nera, vulcanica, che dovevano essere le famose deiezioni annunciate."[414]

Auch die LeserInnen sind Opfer der massenhaft auftretenden Tiere: Die Bibliothek wird von Motten, Schmetterlingen, Ameisen, Schnecken, Hühnern, Mäusen, Hunden, Katzen und weiteren Tierarten bevölkert. Gerüchteweise birgt die Unterwelt der Bibliothek sogar Affen, Elefanten und Giraffen.

3.4.1.2 Bibliotheksalltag

Mit dem Alltag in Bibliotheken oder der konkreten Institutionsgeschichte hat das Geschehen in Cavazzonis fiktionaler Bibliothek wenig gemein. Die Alptraumbibliothek erscheint als autarkes System, unabhängig vom Logozentrismus der Realität, jedoch mit deren Regeln noch irrational in Verbindung stehend. Sie hat alogische

---

411 Vgl. CL: 10

412 Vgl. CL: 65, 127

413 Vgl. CL: 130

414 CL: 31. Dt.: Und um zu etwas Handfestem zu kommen, machte ich mich daran, zwischen die Seiten zu spähen, indem ich sie ein paar Zentimeter auseinander spreizte; dabei fiel alles mögliche heraus: gelbliches Sägemehl, ausgedörrte Larven von Insekten, Spinnenhäute und schwarzer vulkanischer Sand, wohl die berüchtigten, schon erwähnten Defäkationen.

Öffnungs- und Schließzeiten[415] und einen offiziellen Feierabend für die Angestellten, wobei niemand dabei gesehen wird, wie er bzw. sie die Bibliothek tatsächlich verlässt[416].

Cavazzoni bezieht sich in *Le tentazioni di Girolamo* durchaus auf Bibliothekserfahrungen, die er jedoch durch massive Übertreibung zu komplexen grotesken Situationen stilisiert. So wird die gewöhnliche Alltagserfahrung in einem Leihbuch ein Haar oder eine Kopfschuppe eines vorherigen Lesers zu finden von Cavazzoni komisch und zugleich ekelerregend auf einen, vom Oberbibliothekar Accetto kommentierten Akt des Vandalismus umgedeutet:

> „Spesso tra le pagine dei libri [...] ci sono le lordure più orrende di quegli esseri sporchi e gobbi che sono i lettori. Un lettore che sia assorbito dalla lettura è in sé già un essere vizioso [...]. In mezzo ai libri quindi ci si trova di tutto: la forfora ad esempio! lei non sa che schifezza, delle nevicate di forfora e altre sostanze sebacee; nonché capelli!“[417]

Nach Ansicht des Oberbibliothekars Accetto besitzen die LeserInnen nicht die Disziplin, ihren Körper von der Schrift abzugrenzen und zu verschließen. Diese wird gerade im immateriellen Raum der Schriftkultur, dem Ort der Klarheit und reinen Ordnung erwartet.

In *Le tentazioni di Girolamo* ist auch aus dem alltäglichen Bibliotheksproblem der verstellten und damit nutzlosen Bücher ein Alptraum geworden, denn keines der Bücher ist in der imaginierten Bibliothek noch zuverlässig auffindbar[418] und der Katalog ist somit nutzlos geworden. Eine Bibliothek ohne funktionierendes Ordnungssystem ist eine sinnlose Institution, viele der ProtagonistInnen nutzen die Bibliothek daher zweckentfremdet, mehr als Nachtasyl denn als Bildungseinrichtung[419].

Ein weiterer, wiederholt genannter Grund für die katastrophalen Zustände in der Bibliothek ist der eklatante Geldmangel[420]. Aufgrund der akuten Finanzsituation ist weder eine Reorganisation des Bestandes noch die Renovierung der Räumlichkeiten

---

415 «Orario d'apertura ore ventiquattro. Orario di chiusura ore otto. Chiusa per inventario il lunedì.» (CL: 9). Dt.: Öffnungszeiten: vierundzwanzig Stunden. Schließzeiten: acht Stunden. Montags wegen Inventur geschlossen

416 Vgl. CL: 184

417 CL: 57. Dt.: Zwischen den Seiten der Bücher liegt die grässlichste Unflat jener schmutzigen und buckligen Wesen, die wir Leser nennen. Ein in seiner Lektüre vertiefter Leser ist an sich schon ein lasterhaftes Wesen. In den Büchern findet man daher alles: Schuppen zum Beispiel! Sie wissen ja nicht, wie ekelig das ist, eine Schuppendecke, als hätte es ins Buch geschneit, dazu die anderen Absonderungen der Kopfhaut; auch Haare!

418 Vgl. CL: 106, 107

419 Vgl. CL: 58, 59

420 Vgl. CL: 91, 92, 106, 107

möglich, weshalb der Zusammenbruch des Systems kurz bevorsteht. Auf dieser Folie lässt sich eine oberflächliche Kritik an den Ursachen der Finanznöte vieler Bibliotheken erkennen. Jedoch bleibt dies als Auslöser der Krise nur angedeutet, die tatsächliche Ursache für das Chaos der Bibliothek scheint auf einer tieferen Ebene zu liegen, lässt sich nicht rational erklären.

Im Kontext der realistischen Bibliotheksverweise sind auch die ProtagonistInnen des Romans von Bedeutung: Cavazzoni stellt eine ganze Bandbreite von bibliotheksspezifischen Figuren dar, die er – im Unterschied zu Lehrs anonymen NutzerInnen und namenloser Bibliotheksbelegschaft – auch persönlich charakterisiert: Oberbibliothekar Accetto, Bibliotheksdirektor Perbeni, die Bibliotheksgehilfen Fischietti und Santoro, der berüchtigte Bibliothekar Vincenzo Gallo, das Vorstandsmitglied Geheimrat Pantani und auch NutzerInnen wie Professor Rasorio sind individuell konzipierte Charaktere, die aus der Schar der Anwesenden konturiert hervorstechen. Ähnlich wie bereits hinsichtlich der bibliothekarischen Regeln festgestellt, ist jedoch auch hier die Referenz von rein oberflächlicher Art. Die Charaktere zeichnen sich durch absurde Eigenschaften und Verhaltensweisen aus[421], Cavazzoni gestaltet sie entsprechend der Form der Groteske. Die Belegschaft der Biblioteca di Pubblica lettura ist ebenso wie die NutzerInnen nicht nur völlig überfordert, sich in der Bibliothek zurechtzufinden und sich gegen die Tierplagen zu wehren, sie besitzt auch keinen Überblick mehr über den Buchbestand und kann somit ihre Aufgabe, die NutzerInnen bei der Wissensrecherche zu unterstützen, in keiner Weise gerecht werden. Im Gegenteil haben es sich einige Angestellte zur Aufgabe gemacht, die NutzerInnen – imaginiert als vergeistigte, hilflose Gestalten – bei ihrer Lektüre willkürlich zu stören und zu quälen. Sie tun alles, um die Benutzung der Bücher zu erschweren und verhindern, was in jeder Bibliotheksatmosphäre am notwendigsten scheint: die Ruhe. Vor allem die koboldhaften Bibliotheksgehilfen Fischietti und Santoro treiben sadistische Spiele mit den LeserInnen. Sie stechen sie mit Nadeln, zünden sie an, schlagen sie mit Hämmern, flößen ihnen Klebstoff in die Ohren und fügen ihnen weitere Wunden zu. Bei diesen Gewaltakten erzeugen sie großen Lärm und Gestank[422]. So hat sich zwischen den Bibliotheksangestellten und den LeserInnen ein Machtverhältnis entwickelt, das sich auch auf die Körper der LeserInnen auswirkt:

---

421 Bspw. der konträr zum Berufsbild konzipierte Charakter des Direktor Perbeni: Dieser gedankenlose Tatmensch und Technikfanatiker ist ein Ignorant und Verachter der Schiftkultur. Er interessiert sich nicht für die Bibliothek sondern arbeitet laufend an nutzlosen technischen Erfindungen (Vgl. CL: 141, 144, 154-159, 163)

422 Vgl. CL: 16, 49, 50, 54, 90, 91, 117, 118

„L'interessato smaniava, agitando le braccia; si sfregava le bolle e i residui fumanti dove morivano gli ultimi fuochi. Lo si sentiva fare un verso di sofferenza come fanno i neonati quando si scottano, e riprendere la lettura con molta pena.“[423]

Die Disziplinierungsgewalt der Institution Bibliothek ist von der Ordnung der Schrift auf die Willkür des Personals verschoben worden. Die Erfüllung der üblichen Aufgaben ist selten und für die NutzerInnen zur Gnade geworden, für die sie große Dankbarkeit zeigen müssen[424].

Auch die realistische Bezeichnung der Räumlichkeiten erweckt zunächst einen seriösen Eindruck bibliotheksspezifischer Professionalität, so gibt es neben dem Hauptlesesaal diverse Räumlichkeiten wie einen Raum für unsignierte Bücher, verschiedene Büros und Nebenräume. Geschehen und Atmosphäre erfüllen jedoch in keiner Weise die Erfordernisse und Ansprüche einer Bibliothek.

Die Materialität der Speichermedien ist ein wesentliches Element vergangener und gegenwärtiger Bibliotheksdiskurse. Cavazzoni radikalisiert konservatorische Konflikte wie den Schädlingsbefall und die Auflösungserscheinungen gewisser Textträger. So ist der Zerfall von Papier vor allem bei älteren, säurehaltigen Ausgaben auch heute noch ein ungelöstes Problem, ja auch Sicherheit und dauerhafte Nutzbarkeit von modernen Speichermedien kann nicht garantiert werden. Diese bibliothekspraktische Ebene benutzt Cavazzoni, um einen noch größeren Kontext sichtbar zu machen: die Spannung zwischen Materialität und Immaterialität, zwischen Natur und Kultur bzw. Zivilisation. Zurückgehend auf die zivilisatorischen Prozesse der Gesellschaft, die zugleich eine Domestizierung der Natur und der Triebe bedeuteten, wird die Bibliothek als wesentliche Institution dieser historischen Verdrängung bei Cavazzoni massiv von der verdrängten Natur zurückerobert.

3.4.1.3 Bibliotheksgeschichte(n)

Es existieren verschiedene Varianten der Bibliotheksgeschichte. Professor Rasorio geht davon aus, dass die Bibliothek durch die Einstellung eines blinden Wächters, der seine drei Hühner durch die Bibliothek spazieren ließ, aus ihrem grabesstillen Urzustand[425] gerissen wurde. Er behauptet:

---

423 CL: 51. Dt.: Die Betroffenen wussten weder ein noch aus, fuchtelten mit den Armen herum, rieben sich die Brandblasen und die rauchenden Hautreste, während die letzten Flammen ausgingen. Sie ließen ein Gejammer hören wie Neugeborene, wenn sie sich versengen, und unter Qualen nahmen sie ihre Lektüre wieder auf.

424 Vgl. CL: 68, 69

425 Vgl. CL: 91, 92

„In effetti questa biblioteca è antichissima [...]; ma a un certo punto c'è stato un errore. E le biblioteche non sono immortali: sono di colla, di corda e di cellulosa.“[426]

Nach Rasorios Theorie brachten die drei Hühner das sensible ökologische Gleichgewicht aus dem Lot. Ihre Fäkalien zogen diverse Insektenarten an, die – „quando è stata aperta al pubblico la biblioteca e si è introdotta quella specie zoologica che è il personale“[427] – durch gezielt eingeführte Vogel- und Echsenarten bekämpft werden sollten. Immer mehr Tierarten wurden im Kampf gegen die Ausbreitung anderer eingesetzt, bis schließlich ein absolutes Chaos herrscht[428].

Der Sohn des Oberbibliothekars Accetto, Feltrino, vertritt wiederum eine andere Theorie:

„Quando da una parte si accumulano solo delle parole e dei nomi, come è il caso di una biblioteca, da qualche altra parte si forma molto pattume; [...] quello che trova sono cose senza più un'identità, senza un loro nome; lei non riesce neanche a chiamarli [...]; non si sa più cosa sono precisamente. Sono dei resti; mentre invece i loro nomi, quelli che avevano [...] perdurano altrove e da soli“[429]

Feltrino betrachtet das organische Chaos als notwendigerweise anfallendes Nebenprodukt der Bibliothek. Auch wenn die Bibliothek nur den immateriellen Bestandteil der Welt aufbewahrt, ist sie zugleich mit ihrem materiellen Anteil verknüpft. Dieser fällt als namenloser Schrott[430] an.

Der Bibliotheksdirektor Perbeni, der paradoxerweise mit Büchern nichts zu tun haben will[431], gibt eine simple Begründung für die Bibliotheksprobleme: Ein verrücktgewordener Bibliothekar namens Vincenzo Gallo sei an allem Unglück schuld. Er verursache den Lärm, beschädige die Bücher und erzeuge den Gestank[432].

---

426 CL: 91. Dt.: In Wirklichkeit ist diese Bibliothek uralt; aber irgendwann hat sich ein Fehler eingeschlichen. Und Bibliotheken sind nicht unsterblich: sie bestehen aus Leim, Faden und Zellulose.

427 CL: 93. Dt.: als die Bibliothek für das Publikum geöffnet und die zoologische Spezies des Personals eingeführt wurde

428 Vgl. CL: 94

429 CL: 147. Dt.: Wenn irgendwo nur Wörter und Namen angehäuft werden wie es in einer Bibliothek der Fall ist, dann bildet sich anderswo viel Müll; was Sie finden, sind Dinge ohne Identität, ohne Namen; Sie können sie gar nicht nennen; man weiß nicht mehr, was sie genau sind. Es sind Überreste, während die Namen, die sie früher hatten, anderswo und für sich allein fortdauern

430 Vgl. CL: 147

431 «C'è un direttore, ma non serve molto. [...] lui non s'interessa della biblioteca in sé, lui ha degli altri interessi.» (CL: 141). Dt.: Es gibt einen Direktor, aber das nützt nicht viel. Er interessiert sich nicht für die Bibliothek als solche, er hat andere Interessen.

432 Vgl. CL: 149-153

3.4.2 Metaphorisch-symbolisches Kontextfeld der Bibliothek

3.4.2.1 Bibliothek und Wissenssymbolik

Auf der verzweifelten Jagd durch die Alptraumbibliothek kann Girolamo seine Frage nicht lokalisieren. Er weiß nicht, welche Bücher er als unbrauchbar bzw. falsch ausschließen soll und welche korrekt und prüfungsrelevant sein könnten. Er liest unsinnige Erzählungen und absurde Theorien, doch das richtige Buch – falls es überhaupt existieren sollte – ist in der Bibliothek nicht zu finden.

In *Le tentazioni di Girolamo* wird ein Bild der Deformation generiert. Die Bibliothek, einstmals Tor zur Welt und Mittel zu ihrer Erschließung, wird nun als Refugium vor der Welt imaginiert, das jedoch dauerhaft keinen Schutz zu bieten vermag. Sie wandelt sich vom geschützten Ort zu einem Raum der Bedrohung, der körperlichen und seelischen Qualen. Die Biblioteca di Pubblica lettura gleicht einer Hölle, und den Intellektuellen, die sich in ihr einsperren, droht ein böses Ende. Die LeserInnen sind bleiche, lächerlich gekleidete Figuren, die den sadistischen Spielen der Bibliotheksgehilfen wehrlos ausgesetzt sind. Im Klischee von dem bzw. der schwachen und weltfremden Intellektuellen ist auch eine Kritik an der kulturellen Entwicklung der Gesellschaft enthalten: Die Probleme und Beschädigungen, die die Schriftkultur unserer Zeit zu bewältigen hat, wird durch ihre RepräsentantInnen verkörpert.

Cavazzoni kritisiert – ähnlich wie Lehr und Byatt – eine intellektuelle Weltfremdheit und plädiert für eine Zuwendung der Wissenschaft zur Erfahrungswirklichkeit. Da der Buchdruck zu einer Aufspaltung der Sinne führte[433], sind die Bibliotheksfiguren entsinnlichte Wesen, deren Wahrnehmung auf das Lesen fixiert ist. Sinnliche Eindrücke werden ignoriert oder als Störung wahrgenommen. Aus dieser Eindimensionalität ergibt sich eine sexuelle Störung, wie Cavazzoni insbesondere an seinen Bibliotheksmenschen zeigt.

3.4.2.2 Bibliothek und Wissensordnung

Der Irrsinn der Bibliothek unterliegt einer scheinbaren Ordnung und bibliotheksspezifischen Struktur (Lesesaal, Buchausgabe etc.). Diese suggeriert einen sinnhaften Zusammenhang. Die unterirdische Alptraumbibliothek ist jedoch sowohl räumlich als auch ordnungssystematisch undurchschaubar und stark verwüstet.

Die Bibliothek erscheint als chaotischer, alogischer Raum, der nur noch oberflächlich nach bibliothekarischem Regelsystem eingerichtet ist. In den ‚geistigen Raum' ist das Organische eingedrungen: Wildwuchernde Pflanzen und vielerlei Tiere zersetzen und zerfressen die Bücher, die Angestellten der Bibliothek verhindern des Weiteren jede noch mögliche Lektüre.

Mit der Bibliothek löst sich auch die Ordnung des Wissens auf: In Cavazzonis

433 Vgl. McLuhan (1968)

phantastischer Alptraumbibliothek ist weder Ruhe noch Wissen zu finden. Das Katalogisierungssystem ist unergründlich und die NutzerInnen müssen sich die gewünschten Bände von den unwilligen BibliothekarInnen bringen lassen. Diese schaffen jedoch zumeist falsche Bücher herbei, was Girolamo zunächst noch mit Logik begründet wird:

> „Non è semplice, vede? trovare un libro. [...] La biblioteca è molto vecchia e non è mai stata riordinata. [...] A volte questo libro manca, perché è stato spostato altrove, anche di poco, e bisognerebbe cercarlo. Vede? [...] Se lei ha così fretta, non è meglio allora accontentarsi di qualcosa di prossimo?“[434]

Es wird auf einen Bibliotheksalltag referiert, der einstmals Ordnung beinhaltete: Es gab eine Ordnung nach Sachgebieten[435] und uniformierte Bibliotheksangestellte, die sie verwalteten[436]. Zum Zeitpunkt der Erzählgegenwart sind die Uniformen jedoch bereits verwahrlost, die Angestellten unwillig bis hin zur offenen Feindseligkeit und die Chronologie der Schriftkultur außer Kraft gesetzt. An ihrer Stelle dominieren Simultaneität, Lärm, Gewalt und Gestank die Bibliotheksatmosphäre. Je tiefer Girolamo auf seiner Suche in die Bibliotheksgewölbe eindringt, desto mehr löst sich die oberflächliche Ordnung völlig auf, regieren Chaos und Irrsinn[437]. In den fernen Gängen ist „niente e nessuno“[438] mehr zu finden, die Bücher verfallen buchstäblich zu organischem Material:

> „Sembrava un'eruzione vulcanica del precambriano, quando si formano le rocce magmatiche, le prime rocce sedimentarie, [...]. Qui i libri erano neri; a toccarli si sbriciolavano come la torba, pieni di gas metano e altri gas“[439].

Sogar das Bibliothekspersonal hat den Überblick über die Situation und die Bestände verloren[440].

Es herrscht jedoch nicht nur Unklarheit darüber, wo sich die Texte befinden, sondern auch darüber, in welchem Modus sie auf die Welt referieren. In den Texten wie auch in den Erzählungen der ProtagonistInnen mischen sich Fakt und Fiktion, Wahrheit und Lüge. In *Le tentazioni di Girolamo* hat die Schrift ihre Autorität und

---

434 CL: 29. Dt.: Sehen Sie, es ist nicht einfach ein Buch zu finden. Die Bibliothek ist schon sehr alt und noch nie neu geordnet worden. Manchmal fehlt dieses Buch, weil es anderswohl eingestellt wurde, wenn auch nicht weit weg, und es müsste gesucht werden. Sehen Sie? Wenn Sie es so eilig haben, ist es dann nicht besser, Sie geben sich mit etwas Annäherndem zufrieden?

435 Vgl. CL: 29

436 Vgl. CL: 13, 16

437 Vgl. CL: 137

438 CL: 139. Dt.: nichts und niemand

439 CL: 137. Dt.: Es sah aus wie nah einem Vulkanausbruch im Präkambrium, als sich das Eruptivgestein, das erste Sedimentärgestein, bildete. Die Bücher waren hier schwarz; wenn man sie anfasste, zerbröckelten sie wie Torf, außerdem enthielten sie Metangas und andere Gase.

440 Vgl. CL: 107

die Bibliothek ihre elementare Ordnungsfunktion verloren: Sie ist unbrauchbar geworden.

3.4.2.3 Bibliothek und Wissenssuche

Die Suche nach Wissen bestimmt – noch existenzieller als in *Possession* – das Romangeschehen. Motiviert durch die Angst, seinen höheren Bildungsabschluss aberkannt zu bekommen, macht sich Girolamo auf zu einer zunehmend verzweifelteren Odyssee durch die infernalischen Bibliotheksgewölbe. Er ist der Hoffnung, sich mittels eines Buches das Wissen über das zwanzigste Jahrhundert – sein Prüfungsgebiet – in einer Nacht aneignen zu können. Konzentriert auf sein Ziel, gerät er von einem absurden Ereignis zum nächsten, wird gequält und flüchtet schließlich mit ein paar herausgerissenen Seiten aus der Alptraumbibliothek. Seine Suche wird zu Irrfahrt und bleibt erfolglos, nicht weil seine Frage unbeantwortbar ist, die Bibliothek unendlich, die Bücher verboten oder versteckt sind, sondern weil die gesamte Bibliothek im Zerfall begriffen ist und die Bibliothekare durch ihr störendes Handeln keine Hilfe, sondern Widerstand bieten.
Hier wird erneut auf die mittelalterliche Vorstellung referiert, alles nötige Wissen ließe sich in einem Buch bzw. Text vereinigen. Obgleich dies der Auffassung der Postmoderne widerspricht, wird der Wille nach Wissen in einem Motiv konzentriert.
Angesichts der Unübersichtlichkeit und Komplexität der Welt, der Kenntnis um den fragmentarischen Charakter des Wissens, symbolisiert die Darstellung einer verzweifelten Suche nach dem einen wissensstiftenden Buch in ironischer Brechung die bewusste Aussichtslosigkeit dieser Sehnsucht. Die Bibliothek fungiert so auch als Ausdruck der Wissenssituation der neuzeitlichen Gesellschaft.

3.4.2.4 Bibliothek und Gedächtnisfunktion

In *Le tentazioni di Girolamo* resultiert die Unübersichtlichkeit und Orientierungslosigkeit in der labyrinthischen fiktionalen Bibliothek aus dem Zerfall von Räumlichkeiten und Bestand sowie aus dem defizitären Ordnungssystem. Das Wissen dieser Bibliothek bleibt tot, da es nicht zweckmäßig genutzt werden kann, die Gedächtnisfunktion der Bibliothek ist erloschen.

3.4.2.5 Bibliothek und Machtsymbolik

In der Biblioteca di Pubblica lettura geht die entscheidende Macht im Wissenskontext von den BibliothekarInnen aus. Sie entscheiden, welche Bücher zur Lektüre vergeben werden und über welchen Zeitraum dies geschieht. Diese Dynamik ist jedoch ebenso ironisch und von Absurdität geprägt. Da die Angestellten sich selbst nicht in den Räumlichkeiten zurechtfinden und auch über den Bestand nicht angemessen informiert sind, wirkt ihr Verhalten willkürlich und persönlich anstatt professionell geschult. Von der Bibliothek selbst geht keine tatsächliche Macht mehr aus, die NutzerInnen suchen sie zum Schlafen auf oder in dem halbherzigen Versuch, noch etwas Lesenswertes zu finden. Einzig Girolamo sticht mit seiner leidenschaftlichen Wissbegierde heraus und wird angesichts der herrschenden Umstände von Chaos und Zerstörung somit ironisch gegengezeichnet.

3.4.2.6 Bibliothek und Intertextualität

Le tentazioni di Girolamo ist ein Roman, in dem fast ebenso stark wie in *Possession* das Montageprinzip dominiert. Neben dem retrospektiven Erfahrungsbericht des Erzählers ist der Roman aus verschiedenen absurden Texten, Zitaten aus den Büchern der Bibliothek sowie Berichten von NutzerInnen zusammengesetzt. Cavazzoni lässt seinen Protagonisten auf der Suche nach dem ‚einen' Buch viele falsche Bücher lesen und NutzerInnen befragen. Zwischen den Texten herrscht kein Bezug, außer dass sie alle im Kontext zur Biblioteca di Pubblica lettura stehen.

Augenfällig ist insbesondere der Verweis auf die Figur des Hieronymus, der auf die historische Persönlichkeit eines altchristlichen Schriftgelehrten referiert, dem Schutzpatron der Bücher. Der christliche Kirchenvater Hieronymus (347-419/420 n. Chr.) lebte einige Zeit als Eremit in der Wüste Chalkis, um sich von allen irdischen Gelüsten zu befreien. Dort plagte ihn neben sexuellen Bedürfnissen insbesondere die Vorstellung, den heidnischen Büchern aus seiner umfangreichen Bibliothek zu entsagen[441]. Erst nach einem Alptraum, in dem er von einem göttlichen Gericht so lange gefoltert und gepeinigt wurde, bis er der Lektüre heidnischer Bücher abschwor, konnte er für Gott verzichten. In diesem Traum mischten sich – ähnlich wie von Cavazzoni repetiert – fleischliche Begierde, Lektüre, Folter und Sünde miteinander[442].
Cavazzoni referiert nicht nur im Titel des Romans sondern auch in einem vorangestellten Zitat[443] und im Erzähltext selbst auf diese Geschichte. So sind in der Biblioteca di Pubblica lettura, die der Protagonist Girolamo aufsucht, sinnliche und geistige Lust mit Lesen und Leibesqual verknüpft.

Ein außergewöhnlicher intertextueller Verweis findet sich in *Le tentazioni di Girolamo* im Kontext der angeblichen Bibliothekszerstörung durch einen Angestellten, Vincenzo Gallo[444]. Dieser parodiert die ausgeklügelte Mordmethode des Jorge von Burgos in Ecos *Il nome della rosa*, indem Vincenzo Gallo die Seiten der Bücher mit einem Abführmittel bestreut, welches die Zunge des Lesers, welcher zum Umblät-

441 Vgl. Hieronymus (1936/1937): ep. 125, 12

442 Vgl. Hieronymus (1936/1937): ep. 22, 30

443 CL: der Handlung vorangestellt, ohne Seitenzahlangabe

444 Vgl. CL: 149-159

tern seinen Finger benetzt, schwarz färbt und ihn anschließend zur sofortigen Darmentleerung zwingt[445].

3.4.2.7 Bibliothek, Labyrinth und Traum

Die Erkenntnis von der Nicht-mehr-Beherrschbarkeit des Wissens und des damit verbundenen Orientierungsverlust wird in der Literatur häufig thematisiert, das Bild der Bibliothek als Labyrinth ist darin begründet. Die Biblioteca di Pubblica lettura weist eine deutliche Labyrinthstruktur auf: Im halbdunklen Zwielicht[446] wird die Institution imaginiert, die Säle und Gänge liegen unter der Erde und scheinen endlos und selbst für die Angestellten unübersichtlich:

> „...questa è una brutta zona; questa zona ci è scappata di mano; [...] da qui innanzi lei non trova niente e nessuno."[447]

Der Protagonist spricht anfangs von „una estesa e bassa cantina, poco illuminata, che si perdeva in distanza nella nebbiolina della notte"[448]. Die Beschreibung der Räumlichkeiten lässt so bereits zu Beginn eine irrationale und geheimnisvolle Atmosphäre entstehen. Die unterirdische Lage verweist auch auf einen psychologischen Aspekt: Girolamos Gang in die Tiefe lässt sich – analog zur Rahmenhandlung des Traumes – als Weg in das Unterbewusste begreifen. Folgt man dieser Verknüpfung, erscheint die Biblioteca di Pubblica lettura als das Unterbewusste der Schriftkultur, welches auch – wie bereits erläutert – eine verdrängte Sinnlichkeit aufweist.

Die Bibliothek besteht aus einer unübersichtlichen Anzahl von Räumlichkeiten: Neben dem anfangs betretenen Hauptlesesaal entdeckt Girolamo einen zweiten Stock mit Anatomiesaal, Raritäten-Abteilung und einen Raum für unsignierte Bücher, daneben weitere Gänge, Nebenräume und Büros, ohne zu irgendeinem Zeitpunkt die Orientierung zu gewinnen. Auch für die LeserInnen bleibt die räumliche Struktur der Bibliothek unklar und verborgen. Durch die Montage absurder Texte und Erzählungen in den Handlungsverlauf sowie eine zusätzliche Rahmenhandlung besitzt der gesamte Roman eine starke Labyrinthstruktur.

Die Ordnungsstruktur, die sich durch die Anordnung der Kapitel des Romans nach den Buchstaben des Alphabets ergibt, ist peripher und fehlerhaft[449]. Sie entspricht der alphabetischen Systematik von Bibliothekskatalogen nur defizitär.

---

445 Vgl. CL: 151, 152

446 Vgl. CL: 9, 10

447 CL: 139. Dt.: ...das ist eine schlimme Gegend; hier haben wir den Überblick verloren; von hier an finden Sie nichts und niemanden.

448 CL: 10. Dt.: einem ziemlich weitläufigen, niedrigen, schlecht beleuchteten Keller, dessen ferne Ausläufer sich im nächtlichen Dunst verloren

449 Der Roman beginnt bei „Capitolo A" und schließt bei „Capitolo Z", in der Auflistung fehlen jedoch die Kapitel J, K, W, X, Y.

3.4.2.8 Bibliothek und Grab

Wie bereits im Kontext der Bibliotheksgeschichte angeführt, wird die Biblioteca di Pubblica lettura von Professor Rasorio zunächst als „tomba"[450] beschrieben. Diese Verbindung von Bibliothek und Friedhof weist darauf hin, dass sowohl der Friedhof wie auch die Bibliothek gesellschaftliche Heterotopien darstellen[451]. Diese ‚anderen Orte' unterliegen einer eigenen Zeitrechnung, funktionieren als autarke Systeme mit spezifischen Regeln und Normen. Ihr Ausgangspunkt ist die Vergänglichkeit, die Perspektive ist auf die Ewigkeit gerichtet. Cavazzoni greift hier eine traditionelle Metaphorik auf, stellt sie jedoch in einen neuen Zusammenhang, indem er das grabesstille Anfangsstadium der Bibliothek in eine unbestimmte Urzeit verlegt, welches mehr einen Mythos denn einen historischen Abschnitt repräsentiert.

Noch ein zweites Mal wird die Grabmetaphorik im Roman verwendet: Ein Bibliotheksangestellter beklagt sich bei Girolamo über den chronischen Geldmangel der Bibliothek, der unter anderem dazu geführt hat, dass keiner der „da cento a cinquecentomila volumi, e forse di più, forse anche il triplo [...] è al suo posto"[452]. Er bezeichnet die Bücher als unauffindbar, denn „come sepolti" [453] stehe jeder Band unter den anderen.

Das in der Bibliothek archivierte Wissen wird hier als nutzlos und tot imaginiert, die Bücher warten ungenutzt und anonym, da nicht erfasst, in der Bibliothek auf ihren Verfall, der angesichts der Zustände, die dort vorherrschen, in direkte Nähe gerückt scheint.

3.4.3 Die imaginierte Bibliothek im Kontext der Postmoderne

3.4.3.1 Mischung von Fakt und Fiktion, Reflexion der Historiographie

In *Le tentazioni di Girolamo* mischen sich ebenso wie in *Zweiwasser und Die Bibliothek der Gnade* und *Possession* Fakt und Fiktion auf vielfältige Weise. Girolamo liest während seiner Suche nach dem ‚einen', dem prüfungsrelevanten Buch Ausschnitte aus Enzyklopädien, Geschichtswerken und ähnlichen, sich faktisch präsentierenden Büchern. Die darin versammelten Texte haben jedoch den Charakter von Sagen, Fabeln und phantastischen Geschichten. Riesen, Schafphilosophen und andere fiktionale Gestalten werden darin auf der gleichen Realitätsebene präsentiert wie der Protagonist Girolamo. Dieser wird angesichts des unklaren Status der Aussagen

---

450 CL: 91. Dt.: Grab

451 Vgl. dazu Foucault (1990): 41

452 CL: 106, 107. Dt.: ...zwischen hundert- und fünfhunderttausend Bände, vielleicht auch mehr, vielleicht sogar das Dreifache an seinem Platz steht

453 CL: 107. Dt.: wie beerdigt

zunehmend verunsichert[454]. Dieser Zustand wird noch verstärkt, da auch die ihm in der Bibliothek begegnenden Charaktere widersprüchliche Aussagen bezüglich der Tierwelt in der Bibliothek und zur Biographie einzelner Personen machen und sich gegenseitig der Lüge bezichtigen. Die phantastische Handlung des Bibliotheksromans ist auch besonders mit der Geschichte des Kirchenvaters Hieronymus verbunden. Wie bereits erläutert wird auf verschiedene Aspekte seiner Person und Biographie referiert.

3.4.3.2 Groteske, Parodie und Karnevalisierung

In *Le tentazioni di Girolamo* dominiert eine grotesk-parodistische Darstellungsform, Cavazzoni setzt eine verkehrte Welt in Szene. Grotesk-komisch sind sowohl die Figuren als auch die Geschehnisse in der phantastischen Bibliothek.

Besonders offensichtlich wird die von Cavazzoni favorisierte Textform der Groteske hinsichtlich der Organik[455], hier lässt sich ein genretypisches Charakteristikum feststellen[456]. Im Raum der Schrift wird die Disziplinierung des Körpers besonders erwartet und der Verstoß durch die physische Präsenz von Pflanzen, Tieren und Menschen im üblicherweise sterilen Schriftraum außerordentlich wahrgenommen. Die Groteske besitzt hier auch eine befreiende Funktion,

> „...die Möglichkeit einer ganz anderen Welt, einer anderen Weltordnung [...]. Sie führt über die Grenzen der scheinbaren Einzigartigkeit, Unabdingbarkeit und Unerschütterlichkeit der bestehenden Welt hinaus."[457]

Der groteske Stil verbindet Unvereinbares miteinander, übersteigert die Gestalt ins Maßlose und verleiht ihr teils humoristisch-karikierende, meist eher schaurige Züge[458]. Darin liegt seine spezifisch kritische Dimension, so findet sich das Groteske vor allem in Zeiten,

> „...in denen das überkommene Bild einer heilen Welt angesichts der veränderten Wirklichkeiten seine Verbindlichkeit verloren hat, in denen die Welt unfassbar, der Vernunft unzugänglich und von unversöhnlichen Widersprüchen beherrscht scheint."[459]

Le tentazioni di Girolamo lässt sich demzufolge als Ausgestaltung einer entfremdeten, deformierten Bibliothek lesen. Im gesellschaftlichen und technologischen Umfeld der beginnenden neunziger Jahre lässt sich in einer Bibliothek kein einheit-

---

454 Vgl. CL: 104

455 Vgl. im gleichen Kapitel 3.4.1.

456 Nach Bachtin fokussiert die Groteske alles, was der Körper ausscheidet, alles, „was die Grenzen des Leibes überschreiten will" (Bachtin (1990): 16)

457 Bachtin (1990): 26

458 Vgl. Metzler (1984): 178, 179

459 Metzler (1984): 178, 179

licher Sinn mehr finden, wie es seit der Einführung des Buchdrucks stets das Ziel der Schriftkultur war. Die Speicherfunktion der Bibliothek löst sich auf. Das Verrotten der Bibliothek zeigt eine tiefe Krise des Bücherwissens an. Diese Wissenskrise beruht nicht wie in *Zweiwasser oder Die Bibliothek der Gnade* auf einer Wissensexplosion, auf der zunehmenden Unbewältigbarkeit des Wissens, sondern auf der Vernachlässigung der Bewahrung und Vermittlung von Wissen. Insofern lässt sich der Roman auch als Mahnung gegen die geistige Verwahrlosung des ausgehenden zwanzigsten Jahrhunderts lesen[460]. Das Bild der Bibliothek als Metapher für das Wissen und das Gedächtnis der Welt erscheint bei Cavazzoni als überholt. In seiner Bibliothek versuchen nur noch weltfremde Gelehrte und Träumer in der zerfallenden Schrift weiterzuarbeiten, zu lesen.

In Cavazzonis imaginierter Bibliothek verkehren sich die Verhältnisse: Der ‚Tempel des Wissens' wird zum infernalischen Raum gestaltet, in dem ‚BibliotheksgehilfInnen' die NutzerInnen am Lesen hindern und mit sadistischen Scherzen foltern. Der Bibliotheksdirektor interessiert sich nicht für die Bibliothek, er lehnt die Schriftkultur ab und verehrt technische Errungenschaften. Er verbringt seine Arbeitszeit mit sinnlosen Erfindungen und willkürlichen Wutausbrüchen, denen die Angestellten ausgesetzt sind. Viele der Figuren tragen zudem bezeichnende parodisierende Namen[461]. In den Räumlichkeiten regieren Lärm und Chaos sowie eine vielfältige Vegetation und Tierwelt.
Auch wenn sich teilweise reale Bezüge erkennen lassen, werden die Verhältnisse stark überspitzt dargestellt und somit verfremdet. Die Bibliothek hat ihre wesentlichen Funktionen, Wissen zu ordnen, geschützt zu archivieren und für die NutzerInnen zugänglich zu machen, verloren.

3.4.3.3 Fiktionale Verschachtelung

Der Ich-Erzähler gerät bei seiner Suche nach prüfungsrelevanten Texten von einem falschen Buch zum nächsten. Seine Irrfahrt spiegelt die narrative Struktur des Romans, der aus einzelnen aneinandergereihten Geschichten besteht, die er in Büchern liest oder die ihm andere BibliotheksbenutzerInnen erzählen.

Girolamos Bibliotheksabenteuer, das in den Rahmenkontext eines Alptraums gesetzt wird, bildet ebenso einen Rahmen für die Sammlung von phantastischen und skurrilen Erzählungen. Wie in *Possession* ist die Struktur der Bibliothek auch in die Struktur des Romans eingegangen. Obgleich Cavazzoni die verschiedenen absurden Geschichten nicht kausal verknüpft, laufen sie in der Bibliothek bzw. im Roman doch räumlich zusammen. Ein Teil der Suberzählungen befinden sich in den von

---

460 Vgl. dazu Stempel (1995)

461 Perbeni (perbene: rechtschaffen, anständig), Fischietti (il fischietto: die (Triller-)Pfeife), Santoro (santo: heilig), Gallo (il gallo: der Hahn), Pantani (il pantano: der Morast, Schlamm), Rasorio (il rasorio: der Rasierapparat, das Rasiermesser)

Girolamo durchgesehenen Büchern[462], andere werden ihm von den Figuren in der Bibliothek erzählt[463]. Dieser strukturellen Annäherung entspricht auch die alphabetische Kapiteleinteilung, welche an die Systematik von Bibliothekskatalogen erinnert und unlogische Lücken aufweist.

3.4.3.4 Unbestimmtheit und Fragmentarität

Die fiktionale Bibliothek in *Le tentazioni di Girolamo* zeigt sich von Unbestimmtheiten geprägt und wird in fragmentarischer Form präsentiert: Sie wird aus der Perspektive des Ich-Erzählers ohne Distanz zum Geschehen wiedergegeben. Die Biblioteca di Pubblica lettura wird von Girolamo nur fragmentarisch erfasst, Informationen zu Räumlichkeiten, Zustand und Geschichte bleiben unvollständig und widersprüchlich: Es ist zum einen die Erfahrungsebene des Alptraumes, die eine unwirkliche Atmosphäre generiert, zum anderen sind es die konträren Aussagen der Bibliotheksangestellten und -nutzerInnen, wie auch der Grad der Deformation, die Unbestimmtheit und Fragmentarität hinsichtlich der Wahrnehmung der Bibliothek evozieren. Die Bibliothek liegt in diffusem Zwielicht. Girolamo zweifelt häufig an seiner Wahrnehmung, und je weiter er in das Innere der Bibliothek vordringt, desto mehr erscheint sie ihm labyrinthisch, in Zerfall begriffen[464].

3.4.3.5 Verschiedene Lesarten, diskursive Vielgestalt

Vordergründig lässt sich *Le tentazioni di Girolamo* als Beschreibung eines Alptraums lesen, einer typischen Angstphantasie, von der viele Menschen heimgesucht werden. Berücksichtigt man die biographische Referenz und den parodistischen Gestus, ist der Roman auch als Abrechnung des Universitätsdozenten Cavazzoni mit der akademischen Welt rezipierbar.
Deutlich erscheint auf der Inhaltsebene der gesellschaftskritische Aspekt der Anklage, der gegen eine Zeit gerichtet ist, die jeglichen Ordnungssinn verloren hat und eine Kulturpolitik, die das Schriftwissen vergangener Zeiten dem Zerfall überlässt und Verantwortlichkeit abstreitet.
Auch eine Kritik an der traditionellen Institution ist denkbar, die Bibliothek kann sich nicht vor den Einflüssen der Moderne und der Lebenswirklichkeit verschließen, wenn sie nicht hermetisch verschlossen ‚verschimmeln' will. Darüber hinaus ist eine surrealistische Lesart, die Cavazzonis Roman als wertfreies Spiel begreift, ebenso möglich.

Zusammenfassend lässt sich in *Le tentazioni di Girolamo* eine stark deformierte Variante des Bibliotheksmotivs erkennen. Mittels der Karnevalisierung und Grotes-

---

462 Vgl. CL: 15, 33, 46, 70, 86, 111, 136, 162, 185

463 Dabei handelt es sich um tragikomische Lebensgeschichten oder um Varianten der Bibliotheksgeschichte.

464 Vgl. CL: 139, 140

ke verformt Cavazzoni das Bild einer traditionellen Bibliothek und gestaltet es zu einem phantastischen Raum aus, der nur noch oberflächlich an die Normen des Bibliothekswesens erinnert. Er referiert insbesondere auf einer metaphorisch-symbolischen Ebene auf die Situation der Schriftkultur in der Moderne. Die Bedrohung wird hier nicht wie bei *Zweiwasser oder Die Bibliothek der Gnade* von Seiten der Technik evoziert, sondern von der verdrängten Sinnlichkeit hervorgerufen. Wie Byatt imaginiert auch Cavazzoni einen traditionellen Bibliothekstypus, der sich noch unberührt von den Medien und Verfahren der neuen Informationskultur zeigt. Die Schriftkultur steht im Zentrum der Kritik und mit ihr ist – als deren wichtigste Institution – die Bibliothek im Zerfall. Ohne Ordnungssystem und Schutzfunktion sind die in ihr aufbewahrten Kulturgüter dem Vergessen ausgeliefert. Cavazzoni reflektiert hier den Zerfall der traditionellen Schriftmedien und textuellen Kommunikationsformen, die Werte, die sich im Zuge der Entwicklung neuer Informationstechnologien im ausgehenden zwanzigsten Jahrhundert verschoben haben.

Cavazzoni bezieht sich in seinem Roman auf die Form der klassischen Bibliothek und ignoriert virtuelle Varianten sowie sämtliche neuen Informationstechnologien. So führt der Traum des modernen Hieronymus vor, wie unzeitgemäß die traditionelle Bibliothek für den Willen zum Wissen geworden ist.

Andererseits mag der Roman auch als drastische Warnung dienen, welche Folgen das bloße Aufgeben und Verdrängen der Bibliothek haben kann. Hier führt nicht ein spektakulärer Brand zur Vernichtung der Institution und des Wissens, es ist ein ekelhafter Zerfallsprozess, der zur Zerstörung des kulturellen Gedächtnisses führt. Neben der starken Kritik lässt sich jedoch eine Tatsache nicht übersehen: Cavazzoni rückt die Bibliothek ins Zentrum seines Romans, das Bild der Bibliothek besitzt bei ihm große Ausdruckskraft und Potenz.

IV. Zusammenfassung

Die Textanalysen haben gezeigt, in welcher Vielfalt das Bibliotheksmotiv in den neunziger Jahren imaginiert wird. Zugleich bestehen jedoch auch deutliche Gemeinsamkeiten im literarischen Diskurs von Schrift, Wissen und Gedächtnis. Auf der Basis der Analysen lassen sich bezüglich der Verwendung des Bibliotheksmotivs entsprechend der Themenstellung folgende inhaltliche und formale Schwerpunkte feststellen[465]:

1. Zur Handlungsrelevanz des Bibliotheksmotivs

Die Verwendung des Motivs in den drei Romanen ist höchst unterschiedlich, jedoch von besonderer Bedeutung: Thomas Lehrs Bibliothek der Gnade ist inhaltlich nicht direkt mit der Romanhandlung verknüpft, sondern wird als Epilog imaginiert. Sie ist als letzte literarische Hinterlassenschaft des zentralen Protagonisten für einige der Romanfiguren von sentimentaler Bedeutung. Indem die Bibliothek vom Autor als eine Alternative zu dem in der Handlung parodierten Literaturbetrieb präsentiert wird, kommt ihr eine ähnlich große Relevanz wie der Handlung des Hauptteils zu.
Antonia Byatt hingegen generiert Bibliotheken und Archive, die als zentrale Schauplätze für den Handlungsstrang der achtziger Jahre fungieren. Ihre imaginierten Institutionen besitzen entscheidende Relevanz für den Verlauf der Handlung und genießen als Fundorte hohes Ansehen.
Ermanno Cavazzoni stellt die Bibliothek als zentrales Handlungsfeld dar. Sie ist der fundamentale Erfahrungsraum des Protagonisten. Die Biblioteca di Pubblica lettura wird als verkehrte Welt detailliert illustriert und besitzt große Ausdruckskraft.

2. Empirische Referenzen – Bezug zur Bibliothekspraxis und -geschichte

Die AutorInnen entwerfen unterschiedliche Bibliothekstypen, die auf bestimmte Bibliotheksformen referieren. Lehrs utopische Bibliothek ist ein Ort der Gnade für gedemütigte AutorInnen, er bezieht sich nicht auf ein reales Bibliotheksbild, sondern imaginiert eine Science-Fiction-Version, die unmittelbar mit der Utopie einer elektronischen Bibliothek zu tun hat, die Texte in Form von digitalen Codes speichert. Während Lehr eine Institution entwirft, die sich modernster Computertechnologien bedient, fiktionalisieren Byatt und Cavazzoni Bibliotheken, die noch

[465] Diese sind nicht als allgemeingültige literaturhistorische Festlegungen zu verstehen.

unbeeinflusst von den technischen Errungenschaften des Informationszeitalters arbeiten. So referiert Byatt mit ihren imaginierten Bibliotheken und Archiven zumeist auf reale, konservative Institutionen und generiert auf diese Weise einen realhistorischen, traditionsgeprägten Kontextrahmen. Ihre wissenschaftlichen Institutionen verfügen über eine hohe Potenz und Verlässlichkeit, sie schützen das begehrte Wissen der Vergangenheit und stellen es den Figuren geordnet zur Verfügung. Byatts fiktionalisierte Räume der Schriftkultur fungieren als fruchtbare Schaltstellen zwischen Vergangenheit und Gegenwart.
Cavazzoni generiert zunächst konkret einen bibliotheksspezifischen Rahmen, der Öffnungs- und Schließzeiten, uniformierte Angestellte, Lesesäle und weitere bibliotheksorganisatorische Faktoren beinhaltet. Doch die Vorgaben entpuppen sich zunehmend als Farce, die Biblioteca di Pubblica lettura offenbart sich als infernalischer Alptraum, in dem sich der Protagonist nicht mehr orientieren kann.

Weder die Bibliothek der Gnade noch die Biblioteca di Pubblica lettura erfüllen zentrale institutionelle Funktionen, wesentliche Bibliotheksgesetze wie Selektions- und Ordnungskriterien sind außer Kraft gesetzt. Sowohl Lehr als auch Cavazzoni fokussieren weniger die zentrale Institution der Schriftkultur denn ihr metaphorisch-symbolisches Kontextfeld. Ihre Darstellungen der Bibliotheksgeschichte sind rätselhaft bzw. absurd und vermögen keine Erklärung für die desaströsen Zustände zu bieten. Die Zerstörung der einen Institution liegt bereits seit Jahren zurück, der Zerfall der anderen ist in vollem Gange. Einzig Byatts Bibliotheken erfüllen die in sie gesetzten Erwartungen, ihre ProtagonistInnen sind beruflich mit der Welt der Bibliotheken vertraut und nutzen sie als verlässliche Arbeitsquelle und Forschungsfelder. Die Bibliotheken werden als altehrwürdige Orte, Zentren der Forschung und Schaltstellen der Geschichte imaginiert. Doch selbst Byatt legt den Fokus ihrer Handlung nicht auf den bibliothekarischen Alltag, sie lässt das Geschehen in den Bibliotheken bald zur abenteuerlichen Entdeckungsjagd umschlagen.

3. Wissenssymbolik und Sakralität

Die Bibliothek ist in der Literaturgeschichte der paradigmatische Raum des Wissens. Dieser scheint aus der Perspektive der LiteratInnen noch wichtiger und einflussreicher zu sein als aus der Sicht anderer Gesellschaftsgruppen. Wurde auch in früheren Zeiten dem geistigen Kapital höchste Ehrfurcht und Respekt gezollt, scheint sich diese Haltung mit der Krise der Schriftkultur aufzulösen.
Die Bibliotheken in *Possession* – allesamt aus der Perspektive des Literaturwissenschaftlers Roland Michell geschildert – werden als weihevolle Räume der Dichtkunst und Forschung imaginiert und mit sakralen Charaktereigenschaften ausgestattet. Die Institution der Bibliothek wird erneut in den sakralen historischen Zusammenhang gebracht, aus dem sie in der Antike entstanden ist. Zentrum der Verehrung ist hier jedoch nicht eine Religion oder Gottheit, es ist das verschriftlichte

Wissen selbst.
Auch in der Bezeichnung der Bibliothek der Gnade wird eine solche religiöse Dimension angesprochen, die Möglichkeit einer göttlichen Instanz jedoch ironisch kommentiert.
Am weitesten hat sich die Biblioteca di Pubblica lettura von dem Bild der Bibliothek als ‚Tempel des Wissens' entfernt: Sie wird als labyrinthischer infernalischer Raum imaginiert, den Cavazzonis Protagonist in dem Vertrauen aufsucht, dort Hilfe für seine Wissensdefizite und Prüfungsprobleme zu finden. In der grotesk gestalteten Bibliothek existiert weder Wissen noch Göttlichkeit, eine solche symbolische Referenz erscheint im Hinblick auf die deformierte Bibliotheksimagination als überholt.

4. Die Bibliothek als Raum der Ordnung oder als Labyrinth ohne Wissensstiftung

Alle untersuchten fiktionalisierten Bibliotheken sind mit dem Thema der Ordnung verbunden, wenngleich dieses nicht überall von zentraler Bedeutung ist. Byatt entwirft ihre traditionellen Bibliotheken mit verlässlichen Ordnungssystemen als Basis für die literarische Schatzjagd der ProtagonistInnen. Das gesuchte Schriftwissen der Vergangenheit kann geordnet und gesichert eingesehen werden, lediglich die nicht verschriftlichten Geschehnisse bleiben den ProtagonistInnen der Gegenwart verborgen.

Lehr verzichtet bei der Gestaltung seiner Gnadenbibliothek auf ein Ordnungssystem und generiert mehr den Versuch eines historischen Archivs, als eines kulturellen Gedächtnisses. Aufgrund des – aus dem Mangel an Selektionskriterien resultierenden – exorbitanten Speicherbedarfs werden die Bestände virtualisiert und damit der totalen ‚Verploppung' ausgesetzt.
Cavazzonis Bibliotheca di Pubblica lettura wird als vollkommen inkompetent imaginiert: Sie kann keine Ordnung mehr vermitteln und wird somit umso deutlicher als deformierter Bibliothekstypus sichtbar. Während Lehr seinen Bibliotheksbestand, Datenbanken sowie Bücher verschwinden lässt, destruiert Cavazzoni das gesamte Bibliothekssystem, die Räumlichkeiten, Fachkräfte und Bücher. Hier scheint der Glaube an den Mythos der Bibliothek, an die Potenz des Sprachbildes und der Institution gänzlich verloren. Die Welt der Schriftkultur wird im Stadium des absoluten Zerfalls vorgeführt. Das Bild der Bibliothek als Labyrinth wird sowohl inhaltlich als auch formal evoziert.
Mit der fehlenden Ordnungsfunktion verlieren die Bibliotheken auch ihren Charakter als Zufluchtsort des Wissens. Wenngleich die Bibliothek der Gnade zunächst als produktives Gegenbild zum kapitalistischen Literaturbetrieb gestaltet wird, verliert sie durch ihre Selbstauslöschung jegliche Schutzfunktion, sie agiert selbst destruktiv gegen die in ihr geborgenen Schriften. Cavazzoni referiert zwar ebenfalls

auf das Bild des geistigen Refugiums, indem er seinen verzweifelten Protagonisten in der Bibliothek Zuflucht suchen lässt, zerstört dieses jedoch zusammen mit dem System: Die Bibliothek wird für ihn zu einer geistigen Enttäuschung und existenziellen körperlichen Bedrohung, in der Topologie des Romans gleicht sie der Hölle. Selbst in Byatts Bibliotheken, welche als Räume der Geheimnisse und höheren Ordnung fungieren, wird das Zurückziehen in den Schriftraum nicht mehr als Lösung für Probleme propagiert.
Keine der untersuchten imaginierten Bibliotheken vermag noch einen dauerhaften Schutz vor der Welt zu bieten. Auffallend ist die Kritik aller drei AutorInnen an einer weltabgewandten Position der Geisteswissenschaft: Die Weltfremdheit der akademischen Bildungsschichten wird parodiert und eine Zuwendung zur Welt und zur Geschichte propagiert. Die Bibliotheken als zentrale Bezugsorte fungieren nicht mehr als geschützte Rückzugsorte vor der Welt.

5. Die Suche nach Wissen

Die Suche nach Wissen wird in zweien der drei Bibliotheksromane thematisiert: Im Falle von Cavazzonis scheiterndem Helden Girolamo wird die Suche nach Wissen zu einer verzweifelten ergebnislosen Textjagd verdichtet, während Byatt die Wissenssuche ihrer ProtagonistInnen kriminalistisch gestaltet und die als ‚Showdown' präsentierte Lösung zur Stärkung der Identität der Hauptfiguren beitragen lässt. Girolamo scheitert insbesondere am katastrophalen Zustand der Institution: Die Suche nach Wissen misslingt nicht, weil es zu wenig Bücher gibt, sondern wegen der mangelnden Zugänglichkeit der Zeichen, der fehlenden Ordnung und Konservierung der Schriften.

6. Selektion und Gedächtnisfunktion

Lehrs Bibliothek der Gnade und Cavazzonis Biblioteca di Pubblica lettura verfügen beide über einen exorbitanten, unübersichtlich gewordenen Bücherbestand. Das Wissen der Bibliotheken ist tot, da es nicht sinnvoll, nicht systematisch genutzt werden kann. Cavazzoni und Lehr zeigen, dass eine Bibliothek nur dann die Funktion eines kulturellen Gedächtnisses erfüllen kann, wenn ihre Schriften benutzbar sind und einer qualitativen Selektion unterliegen. Eine erhöhte Speicherkapazität bedeutet demnach weder einen Zuwachs an Wissen noch die Lösung der Wissensprobleme der Moderne. Lehr bezieht sich dabei ganz explizit auf das Medium des Computers und auf virtuelle Datenbanken als Auslöser der modernen Wissenskrise. Als Informatiker ist er der Materie besonders nahe und illustriert in seinem Bibliotheksroman, dass die Frage nach Wissen nicht von einer universellen Speichermaschine beantwortet werden kann. Lehr weist darauf hin, dass die Heilsphantasien der neuen Kommunikations- und Informationstechnologien mythologische Wurzeln besitzen. In *Possession* fungieren alle Bibliotheken als zuverlässige Informationsquellen und kulturelle Gedächtnisspeicher, die es vermögen, immer wieder zwischen Vergangenheit und Gegenwart zu vermitteln und so aktuelle Diskurse zu befruchten. Byatt verzichtet auf deformierte Bibliothekstypen, die traditionelle Schriftkultur wird nicht problematisiert, sondern funktioniert für ihre Elite.

7. Bibliothek und Machtdiskurs

Die AutorInnen beziehen sich in einer Weise auf den Machtdiskurs im Kontext des Bibliotheksmotivs, die auch ihrer Positionierung hinsichtlich der traditionellen Schriftkultur entspricht: Byatt referiert auf die Historik der Institution, in der Macht durch Wissen generiert wurde. Lehr kritisiert mit seiner Imagination einer Gnadenbibliothek die Macht der Kanons, welche die literarische Welt maßregeln, und zeigt zugleich durch den Zusammenbruch seiner Bibliothek die Unmöglichkeit der selektionsfreien Wissensspeicherung auf. Cavazzoni radikalisiert den Diskurs um Macht mittels der Gestaltungsformen der Groteske und Karnevalisierung: In der verkehrten Welt geht die Macht von den Bibliotheksangestellten aus, welche die NutzerInnen mit allerlei Mitteln terrorisieren, das Wissen selbst schwindet, die Räumlichkeit vermag weder Schutz noch Ordnung zu bieten.

8. Bibliothek und Grab

Alle Romane referieren auf eine bibliotheksspezifische Grabmetaphorik, augenfällig ist dabei die unterschiedliche Bewertung: Lehr präsentiert die Erzählung von der Bibliothek der Gnade, welche zum Gedenken des verstorbenen Autors veröffentlicht wird, als Grab- und Schlussstein der Handlung.

In Byatts Abenteuergeschichte wird die Grabmetaphorik im Kontext der Aufbewahrung literarischer Schätze verwendet: Der erste geheimnisvolle Text erscheint gleich einer verschnürten Mumie, das letzte bedeutende Schriftstück wird als Grabbeigabe des Dichters Ash gefunden, Byatt referiert somit erneut auf historische Traditionen.

Auch in *Le tentazioni di Girolamo* bestehen Bezüge zur Grabmetaphorik: Zum einen werden die Bücher als totes Wissen präsentiert, zum anderen wird auf die heterotopische Potenz des Sprachbildes verwiesen, indem die Bibliothek in ihrem Urzustand mit einem Friedhof verglichen wird.

9. Die Verdrängung des Weiblichen im männlichen Wissenssystem der Bibliothek

Auffällig ist die Integration der Geschlechterperspektive im Bibliothekskontext: Alle drei Romane reflektieren das Geschlechterverhältnis und evozieren verschiedene Weiblichkeitsbilder. Während Lehr lediglich auf der Ebene der bibliotheksfernen Handlung auf typische Weiblichkeitsbilder referiert und seinen Protagonisten die Geschlechterbeziehungen als ‚Krieg' imaginieren lässt, verweisen Byatt und insbesondere Cavazzoni im bibliotheksspezifischen Kontext auf die Thematik. Beide generieren sehr unterschiedliche Weiblichkeitsbilder in der Schriftwelt der Bibliothek, im Raum der männlichen Ordnung des Wissens: Während Cavazzoni mit seinen Protagonistinnen Iris und Senora Bucato auf bekannte Formen ‚imaginierter Weiblichkeit'[466] referiert, die im Kontext der kulturgeschichtlichen doppelten Verdrängung von Frauen und Sexualität stehen und von denen sein Protagonist in die Irre geführt wird, generiert Byatt mit ihren Protagonistinnen Maud und LaMotte neuartige Weiblichkeitsbilder: Beide Frauen sind hochintelligent, attraktiv und selbstbewusst, sie erleben im Verlauf der Romanhandlung befriedigende sexuelle Kontakte. Beide Frauen sind – im Unterschied zu Cavazzonis Protagonistinnen – weder naturhafte Lichtgestalten noch vulgäre, triebgesteuerte Wesen. Auch die Bücherräume, die mit Maud bzw. Roland assoziiert werden, sind geschlechtsspezifisch ausgestaltet: Mauds Archiv, das Roland aufgrund seiner funktionalen Einrichtung und professionellen Ordnungsstruktur irritiert, wird kontrastiv zur Ausstattung und Arbeitsweise des ihm vertrauten männlich dominierten Systems der Ash factory imaginiert. Beide Romane machen die Bibliothek und die darin institutionalisierte Ordnung des Wissens als geschlechtsspezifisch geprägtes System erkennbar, welches sowohl Frauen als auch Sinnlichkeit tendenziell ausschließt. Die Konsequenzen, die aus dieser historischen Verdrängung gezogen werden, sind unterschiedlich: Während in *Le tentazioni di Girolamo* sexuell überlegene Weiblichkeitstypen den Protagonisten in der fiktionalen Bibliothek zu überwältigen suchen, kehrt sich *Possession* von der männlichen Topologie des Wissens ab und generiert neue Perspektiven.

466 Vgl. Silvia Bovenschens Untersuchungen zu kulturgeschichtlichen und literarischen Präsentationsformen des Weiblichen (Bovenschen (1979)).

10. Bibliothek und literarische Darstellungsverfahren – zur postmodernen Ästhetik

Dass das Motiv der Bibliothek in den neunziger Jahren eine besondere Prägung erfahren hat, zeigt sich auch an den spezifischen poetischen Darstellungsverfahren. Lehrs Satire über den Literaturbetrieb und Cavazzonis grotesk-komische Darstellung des menschlichen Bibliotheksinventars stellen die monolithische Ernsthaftigkeit der akademischen Welt in Frage: Die klassische Schriftkultur erscheint nicht mehr als unangreifbar. Einzig Byatt imaginiert die Bibliothek als unerschütterliche Konstante im Wissenschaftskontext, doch auch ihre Darstellung der akademischen Welt der ‚Textparasiten' ist von einer ironischen Grundhaltung geprägt. Die distanzierenden literarischen Verfahren der Parodie und Groteske entsprechen in gewisser Weise auch der Bedeutungsrelativierung, welche die Institution im Kontext des Medienwandels erfahren musste. Die literarische Ästhetik der Distanznahme geht mit der Krise und Verunsicherung der Schriftkultur einher. Die Formen der Ironie, der Parodie und Groteske leisten darüber hinaus auch einen Beitrag zur Entmystifizierung des Motivs. Die Potenz des Sprachbildes hat auf der metaphorisch-symbolischen Ebene im Kontext der Postmoderne abgenommen bzw. eine Umdeutung erfahren.

Die Gemeinsamkeiten der Romane hinsichtlich der postmodernen Gestaltungsmittel sind signifikant. Augenfällig ist hier insbesondere das gemeinsame Zentrum der Gestaltung: Alle AutorInnen beziehen sich thematisch auf Entwicklungen der Schriftkultur im Kontext des Medienwandels. Alle Bibliotheken zeigen sich in ihrer Genese beeinflusst von dem beobachteten Werteverfall der traditionellen Schriftkultur. Die Romane stellen die Reflexion der Schriftkultur ins Zentrum und setzen sich mithilfe des Bibliotheksmotivs mit der Verunsicherung und Orientierungslosigkeit auseinander. Die fiktionalisierten Bibliotheken sind vielgestaltig und zeigen unterschiedliche Positionierungen und Perspektiven der AutorInnen auf die Situation der Schriftkultur Ende des zwanzigsten Jahrhunderts auf. Es lassen sich verschiedene Ausprägungen konstatieren: Während Byatt ihre Bibliotheken ohne konkreten Bezug zu neuen Kommunikationstechnologien darstellt und voll funktionsfähig gestaltet, zeigt Cavazzonis Bibliothek konkrete Folgen des Medienwandels für das traditionelle System der Schriftkultur auf, indem er seine Bibliothek in hohem Maße deformiert gestaltet. Lehr geht in dieser Hinsicht noch einen Schritt weiter: Er bezieht sich konkret auf die Bibliotheksdiskurse der Erzählgegenwart. Die Entwicklung zu einer Virtualisierung der Schriftkultur gestaltet er visionär und präsentiert mögliche Folgen: Die Bibliothek der Gnade wird zu einer leeren Institution, ihr Wissen hat sich verflüchtigt.

Textmontage, -hybridität und intertextuelle Verfahren

Alle drei Romane weisen eine Vielzahl intertextueller Verweise und Anspielungen auf. Sie montieren ein hybrides Textgeflecht, in dem sich Fakt und Fiktion, Themen und Genres mischen. Die Themen stehen zumeist im Kontext der Schriftkultur und beleuchten verschiedene Aspekte aus unterschiedlichen Perspektiven. Die hohe Diskursivität der drei Werke, welche verschiedene Lesarten ermöglicht, korrespondiert mit der fiktionalen Verschachtelung: Alle drei Romane weisen eine spezifische Bibliotheksstruktur auf. Besonders prägnant tritt die Bibliothek als Raum der Intertextualität in *Possession* in Erscheinung: Ähnlich wie in *Il nome della rosa* wird darauf hingewiesen, dass Bücher aus anderen bestehen, von ihnen abhängen, mit ihnen korrespondieren. Byatt verschiebt dabei das Verhältnis von Bibliothek und Welt auf besonders radikale Weise: In *Possession* geht nicht die Erfahrungswirklichkeit in die Bibliothek ein, sondern das Weltwissen wird aus den Erfahrungen generiert, die in den Bibliotheken gemacht werden.

Fragmentarisierung und Unbestimmtheit

Die in den Romanen verwobenen Texte werden häufig in fragmentarischer Form präsentiert, entsprechend der Wahrheit, die sie konstituieren möchten. Die fiktionalisierten Bibliotheken in *Le tentazioni di Girolamo* und *Zweiwasser oder Die Bibliothek der Gnade* zeichnen sich durch einen hohen Grad an Unbestimmtheit und eine fragmentarische Form aus. Obgleich auch Byatt in *Possession* fragmentarische Textformen integriert, bleibt die Darstellung der Bibliotheken davon unberührt. Sie imaginiert verlässliche Institutionen von Bestand und gestaltet ein klar konturiertes, realhistorisch eingebettetes Motiv.

Diskurs der Geschichtsfiktion und Historiographie

Die Bibliotheksromane befassen sich mit den postmodernen Diskursen um Geschichtsfiktion und Historiographie auf unterschiedliche Weise: Während Lehr mit seiner Darstellung der Bibliothek der Gnade auf verschiedene Diskurse der gegenwärtigen Medien- und Informationsgesellschaft referiert, stehen Byatts Bibliotheken und Archive im Kontext der Reflexion historischer Werte und historiographischer Bedeutung. Entsprechend ihrer Ausrichtung auf den Viktorianismus sieht sie Problematiken und Lösungsoptionen der Postmoderne in der Vergangenheit verankert, stellt den Wahrheitsanspruch der Historiographie jedoch ebenso in Frage wie Lehr und auch Cavazzoni: Ihr Epilog konterkariert die historische ‚Wahrheit', welche die ProtagonistInnen am Ende erfasst zu haben glauben.

In Cavazzonis verkehrter Bibliothekswelt finden sich weder Lösungen noch unversehrte historische Werte. Er präsentiert verschiedene Versionen der Entwicklungsgeschichte der Biblioteca di Pubblica lettura, die jedoch hinsichtlich des erzählgegenwärtig deformierten Zustandes der Institution absurd und unzureichend erscheinen.

11. Remythisierung der Bibliothek

In einem Umfeld, in dem die Schrift ihre Dominanz als kultureller Code und das Buch seine Funktion als Leitmedium verliert, wird die Bibliothek in ihrer traditionellen Form neu beschworen: Alle drei Romane stilisieren die Bibliotheken als Ort der Rätsel und als Raum für verborgene Schriften.
Berücksichtigt man die inhaltliche Darstellung des Motivs, erscheint die festgestellte Tendenz zur Remythisierung mehr ein Resultat der postmodernen Gestaltungstechniken (Unbestimmtheit, Fragmentarisierung) als der mythologischen Aufladung der generierten Sprachbilder zu sein. Selbst Lehr, der als einziger der drei SchriftstellerInnen auf den klassischen Bibliotheksmythos verweist, referiert auf den Mythos nicht mit dem Ziel einer Potenzierung des Sprachbildes, sondern im Kontext der Kritik an den gegenwärtigen Reformen der Schriftkultur.

12. Die Selbstthematisierung der Schriftkultur

Die Romane weisen allesamt ein hohes Maß an Selbstreflexivität auf: Sie thematisieren die Rolle der Schriftkultur in der gewandelten Gesellschaft, kritisieren die Position der Literatur und der Akademiker in der Gesellschaft, weisen auf die wissensstiftende Funktion der klassischen Institution der Bibliothek hin oder warnen vor unreflektierter Euphorie im Kontext des Einsatzes neuer Medien im Wissensbetrieb. Die vielen charakteristischen metaphorisch-symbolischen Referenzen zeigen, dass ein Bewusstsein über die literarischen Vorläufer in die Werke eingegangen ist, die Tradition des Motivs wird fortgesetzt. Auch im Kontext der Postmoderne kommt der fiktionalisierten Bibliothek hinsichtlich der Selbstreflexion der Schriftkultur eine spezifisch identitätsstiftende Relevanz zu.

13. Die Bibliothek als Krisenphänomen

In einer Zeit der Krisenerscheinungen der Schriftkultur beziehen sich alle drei AutorInnen auf das Motiv der Bibliothek im Zusammenhang mit dem Medienwechsel Ende des zwanzigsten Jahrhunderts. Dies geschieht auf sehr unterschiedliche Weise: Während Byatt mit ihrer Darstellung traditioneller, insbesondere wissenschaftlicher Bibliothekstypen das kulturkonservatorische Bild einer Schatzammer des Wissens evoziert und sich somit für ein traditionelles Bibliotheksformat einsetzt, entwirft Cavazzoni eine phantastische Bibliothek mit traditionellem Inventar in grotesker Form. Er generiert das Bild einer vollkommen überholten, verfallenden Institution und stellt damit einerseits die Fortschrittlichkeit und den Nutzen des traditionellen Bibliothekswesens in Frage, während er andererseits zugleich die defizitären Bedingungen kritisiert, denen Bibliotheken aufgrund der veränderten Ausrichtung der Kulturpolitik ausgesetzt sind. Lehr entwickelt eine progressive Perspektive, indem er den Umgang mit den neuen Speichermedien im Kontext der Schriftkultur thematisiert und vor einer bedenkenlosen Virtualisierung des Schriftwissens warnt.

Die Krise der Schriftkultur wird anhand ihrer wichtigsten Institution thematisiert, um darüber zu spekulieren, wo Ursachen und Lösungsmöglichkeiten liegen und welchen Nutzen das schriftlich aufgezeichnete Wissen überhaupt noch besitzt. Das Resümee der AutorInnen ist vielfältig, tendenziell pessimistisch: Die fiktionalen Bibliotheken lösen sich auf oder verrotten, die Schriftwelt ist von Chaos, Zerstörung und bzw. oder Wahnsinn gezeichnet. Einzig Byatt referiert auf ein unversehrtes durchwegs positives Bild der Institution. Während sich Cavazzoni und Byatt in sehr unterschiedlicher Weise auf die Auswirkungen des Medienwandels beziehen, kritisiert Lehr bereits visionär die künftig erwarteten Folgeerscheinungen.

V. Fazit

Wie sich in den Analysen gezeigt hat, lassen sich die Bibliotheksromane *Zweiwasser oder Die Bibliothek der Gnade*, *Possession* und *Le tentazioni di Girolamo* auf inhaltlicher wie auf formaler Ebene in Beziehung setzen. Neben der Verarbeitung des Bibliotheksmotivs – alle Romane referieren auf bibliothekstypische Metaphorik und Symbolik – eint sie auch die Reflexion postmoderner Diskurse und die Verwendung entsprechender Gestaltungsmittel. Insbesondere die Bibliothek als Zentrum der Schriftkultur wird dabei aus einer kritischen bzw. affirmativen Perspektive imaginiert. Zusammenfassend lässt sich festhalten, dass der Bezugspunkt der fiktionalen Bibliotheken weniger im Feld spezifischer Bibliothekstypen, -historie oder -praktiken, sondern vielmehr in der Medien- und Kulturgeschichte liegt.

Wenn man die fiktionalisierten Bibliotheken der untersuchten Romane mit den von mir präsentierten Diskursen und Merkmalen der Postmoderne in Beziehung setzt, lässt sich eine Deformation kultureller Traditionen im Umgang mit Buch und Bibliothek sowie eine Tendenz zu Formen der Parodie, Satire und Groteske konstatieren. In der Postmoderne wird der traditionellen Schriftkultur aus einer kritischen Perspektive begegnet, die Zweifel an der Kanonisierung und an der Fortschrittlichkeit der Institution Bibliothek hegt.

Im Zeitalter der selektionslosen Speicherung jeglicher Verschriftlichungen und einer scheinbar grenzenlosen Erweiterungspotenz des kulturellen Gedächtnisses reflektieren die imaginären Bibliotheken diese Krise der Wissensordnungen, indem sie destruiert, deformiert oder verklärt werden.

In den komplexen, labyrinthischen und kanonfreien Bibliotheken Lehrs und Cavazzonis geht die räumliche und intellektuelle Beziehung zwischen den Büchern verloren, die fiktionalisierten Bibliotheken büßen ihre charakteristischen Funktionen ein.

Doch die Tendenz zur Deformation ist nicht homogen bzw. widerspruchsfrei. Fiktionalisierte Bibliotheken werden auch in der Postmoderne mit humanistischer Wertschätzung versehen: Cavazzonis und insbesondere Byatts imaginierte Institutionen beziehen sich auf die Matrix einer klassischen Bibliothek. Vor allem Byatt konzentriert sich in *Possession* auf traditionelle Werte und Funktionsweisen und blendet postmoderne Entwicklungen der Kommunikationstechnologien weitgehend aus.

Es ließ sich eine Weiterführung und Intensivierung hinsichtlich der historischen Motivik feststellen, die auch auf der Erkenntnis zu beruhen scheint, dass die Bibliothek nicht mehr selbstverständlich als verlässliche Konstante gedacht werden kann.

Der Romanvergleich ergab eine Verunsicherung hinsichtlich der Verankerung der Schriftkultur in der gegenwärtigen und zukünftigen Informationsgesellschaft: Die

Erfahrung der Entfremdung und des Identitätsverlusts durch Kultur dominiert[467]. Dem beobachteten Wertewandel wird mit Mahnung und Kritik, aber auch mit der Beschwörung traditioneller Werte begegnet. Diese Positionen werden zugleich durch die postmoderne Ästhetik und Stilmittel wieder relativiert. Im Kontext der festgestellten Tendenz zu Deformationstechniken zeigt sich das Selbstvertrauen der Schriftkultur als fundamental erschüttert: Das Sprachbild der Bibliothek scheint an Wirkkraft, vor allem hinsichtlich der traditionellen Symbolik verloren zu haben.

Für die untersuchten Romane lässt sich festhalten, dass das Motiv der Bibliothek teilweise eine Wandlung und Relativierung hinsichtlich der spezifischen Symbolik jedoch keinen essentiellen Bedeutungsverlust erfahren hat. In dieser Arbeit hat sich gezeigt, dass das Motiv der Bibliothek noch immer eine große Wirkkraft besitzt. An der zentralen Thematisierung des Bibliotheksmotivs lässt sich die Relevanz des Sprachbildes im Kontext der postmodernen Diskurse und Erfahrungswelten erkennen. Gerade in der stilistischen Abweichung der postmodernen Ästhetik können Fragen der Wissensordnung, Speichergesetzlichkeiten, Kanonisierung und Formen der Erinnerungskulturen in ihrer spezifisch machtorientierten Ausrichtung neu reflektiert werden. Im ausgehenden zwanzigsten Jahrhundert vermag die Fiktionalisierung der Bibliothek einer vielfältigen Kultur- und Gesellschaftskritik zu dienen und insbesondere die Rolle der Schriftkultur ins Zentrum der Diskurse zu setzen.

Über den Rahmen dieser Arbeit hinausblickend, wäre es interessant, vergleichend zu untersuchen, ob und wie das Motiv der Bibliotheken in den Romanen des 21. Jahrhunderts aufgrund fortgeschrittener Technisierungs- und Virtualisierungsprozesse eine weitere Veränderung durchlaufen hat. Es wäre interessant festzustellen, ob das Sprachbild an Potenz verloren oder möglicherweise eine weitere Wandlung erfahren hat.

Die Bibliotheksmotivik im Kontext der Postmoderne ist von Seiten der Literaturwissenschaft noch nicht umfassend erforscht worden, daher halte ich eine breiter angelegte Untersuchung der Thematik im Sinne repräsentativer Erkenntniswerte und weiterer Schlussfolgerungen für außerordentlich lohnenswert.
Von großem Interesse wäre auch eine Ausweitung des Forschungsansatzes auf die bildenden Künste. Eine Untersuchung der intermedialen Verknüpfungen des Bibliotheksmotivs im Kontext kultureller und gesellschaftlicher Diskurse erscheint mir faszinierend und fruchtbar.

[467] Vgl. Rieger (2002): 21

VI. Abkürzungsverzeichnis

BL: Borges, Jorge Luis: *La biblioteca de Babel* (Original 1941, Zitierausgabe 2010)

BP: Byatt, Antonia Susan: *Possession. A Romance* (Original 1990, Zitierausgabe 1991)

CL: Cavazzoni, Ermanno: *Le tentazioni di Girolamo* (1991)

EI: Eco, Umberto: *Il nome della rosa* (1980)

LZ: Lehr, Thomas: *Zweiwasser oder Die Bibliothek der Gnade* (Original 1992, Zitierausgabe 1998)

VII. Literaturverzeichnis

1. Primärliteratur

Ayrer, Jacob: *Ayrers Dramen.* Bd.1. Stuttgart : Litterarischer Verein, 1865 .

Bacon, Francis: "The Advancement of Learning". In: Burton Stevenson (Hg.): *Stevenson's Book of Quotations.* London: Cassell, 1974. S. 1108.

Beecher, Henry Ward: "Oxford: The Bodleian Library". In: Burton Stevenson (Hg.): *Stevenson's Book of Quotations.* London: Cassell, 1974. S. 1108.

Borges, Jorge Luis: „La biblioteca de Babel". In: Monika Ferraris (Hg.): *La bibliotheca de Babel. Cuentos selectos y un poema.* Stuttgart: Reclam, 2010. S. 27-43.

Byatt, Antonia Susan: *Possession. A Romance.* New York: Vintage, 1990.

Cavazzoni, Ermanno: *Le tentazioni di Girolamo.* Torino: Bollati Boringhieri, 1991.

Eco, Umberto: *Il nome della rosa.* Milano: Bompiani, 1980.

Heine, Heinrich: *Buch der Lieder.* Darmstadt: Wissenschaftliche Buchgesellschaft, 1992.

Hieronymus, Eusebius: *Des heiligen Kirchenvaters Eusebius Hieronymus ausgewählte Briefe.* Bd. 1. München: Kösel & Pustet, 1936.

Hieronymus, Eusebius: *Des heiligen Kirchenvaters Eusebius Hieronymus ausgewählte Briefe.* Bd. 2. München: Kösel & Pustet, 1937.

Lehr, Thomas: *Zweiwasser oder Die Bibliothek der Gnade.* Berlin: Aufbau, 1998.

Miller, Henry: *Plexus.* Reinbek, Hamburg: Rowohlt, 1970.

Musil, Robert: *Der Mann ohne Eigenschaften.* Hamburg: Rowohlt, 1967.

Treder, Uta: *Die Alchimistin.* Frankfurt am Main, Leipzig: Insel, 1993.

Rabelais, François: *Gargantua et Pantagruel.* Frankfurt am Main: Insel, 2003.

Ribeyro, Julio Ramón: *Heimatlose Geschichten.* Zürich: Ammann, 1991.

Rilke, Rainer Maria: *Die Sonette an Orpheus.* Frankfurt am Main: Suhrkamp, 1985.

Stevenson, Robert Louis: "Prince Otto". In: Lloyd Osbourne, Funny Van de Grift Stevenson (Hg.): *The Works of Robert Louis Stevenson.* Bd. 5. London: Heinemann, 1922.

2. Sekundärliteratur

Assmann, Aleida: Erinnerungsräume. Formen und Wandlungen des kulturellen Gedächtnisses. München: Beck, 2006.

Assmann, Aleida; Assmann, Jan: Aufmerksamkeiten. München: Fink, 2001.

Assmann, Jan: Das kulturelle Gedächtnis – Erinnerung und politische Identität in früheren Hochkulturen. München: Beck, 1992.

Bachtin, Michail M.: Rabelais and His World. MIT Press: Cambridge, 1968.

Bachtin, Michail M.: Literatur und Karneval. Zur Romantheorie und Lachkultur. Frankfurt am Main: Fischer, 1990.

Bovenschen, Silvia: Die imaginierte Weiblichkeit. Exemplarische Untersuchungen zu kulturgeschichtlichen und literarischen Präsentationsformen des Weiblichen. Frankfurt am Main: Suhrkamp, 1979.

Canfora, Luciano: Die verschwundene Bibliothek. Berlin: Rotbuch, 1990.

Carré, Michèle: „Die neue Bibliotheca Alexandrina". In: Wolfgang Hoepfner (Hg.): Antike Bibliotheken. Mainz: Philipp von Zabern, 2002. S. 39-40.

Castillo, Debra A.: The Translated World. A Postmodern Tour of Libraries in Literature. Tallahassee: Florida State University Press, 1984.

Degenring, Folkert: Identität zwischen Dekonstruktion und (Re-)Konstruktion im zeitgenössischen britischen Roman. Peter Ackroyd, Iain Banks und A.S. Byatt. Tübingen: Narr Francke Attempto, 2008.

Deistler, Petra: Tradition und Transformation – der fiktionale Dialog mit dem viktorianischen Zeitalter im (post)modernen Roman in Großbritannien. Frankfurt am Main: Lang, 1999.

Dickhaut, Kirsten: Verkehrte Bücherwelten. Eine kulturgeschichtliche Studie über deformierte Bibliotheken in der französischen Literatur. München: Fink, 2004.

Dickhaut, Kirsten: „Das Paradox der Bibliothek. Metapher, Gedächtnisort, Heterotopie". In: Günter Oesterle (Hg.): Erinnerungskulturen interdisziplinär: Kulturhistorische Problemfelder und Perspektiven. Göttingen: Vandenhoeck & Ruprecht, 2005.

Dickhaut, Kirsten; Rieger, Dietmar; Schmelz, Cornelia: „Bücher in Bibliotheken – Das Motiv der Bibliothek". In: Spiegel der Forschung 2 (1999): S. 14-23.

Döhmer, Klaus: Merkwürdige Leute. Bibliothek und Bibliothekar in der Schönen Literatur. Würzburg: Königshausen & Neumann, 1982.

Eco, Umberto: "Postille a 'Il nome della rosa'". In: Il nome della rosa. Milano: Bompiani, 1983.

Ewert, Gisela; Umstätter, Walther: Lehrbuch der Bibliotheksverwaltung. Stuttgart: Hiersemann Verlag, 1997.

Foucault, Michel: „Un ‚fantastique' de bibliothèque". In: Michel Foucault (Hg.): Schriften zur Literatur. Frankfurt am Main: Fischer, 1988. S. 157-177.

Foucault, Michel: „Andere Räume". In: Karlheinz Barck, Peter Gente, Heidi Paris, Stefan Richter (Hg.): Aisthesis. Wahrnehmung heute oder Perspektiven einer anderen Ästhetik. Leipzig: Reclam, 1990. S. 34-46.

Flemming, Thomas: Berliner Bibliotheken einst und jetzt. Berlin: Technische Universität, Universitätsbibliothek, Abt. Publikationen, 1988.

Fluck, Winfried: Das kulturell Imaginäre: Eine Funktionsgeschichte des amerikanischen Romans 1790 – 1900. Frankfurt am Main: Suhrkamp, 1997.

Frank, Manfred: Die Unhintergehbarkeit von Individualität. Reflexionen über Subjekt, Person und Individuum aus Anlass ihrer ‚postmodernen' Toterklärung. Frankfurt am Main: Suhrkamp, 1986.

Galster, Christin: Hybrides Erzählen und hybride Identität im britischen Roman der Gegenwart. Frankfurt am Main, New York: Peter Lang, 2002.

Gantert, Klaus; Hacker, Rupert: Bibliothekarisches Grundwissen. München: Saur, 2008.

Glomb, Stefan; Horlacher, Stefan (Hg.): Beyond Extremes. Repräsentation und Reflexion von Modernisierungsprozessen im zeitgenössischen Roman. Tübingen: Gunter Narr, 2004.

Grabes, Herbert: Einführung in die Literatur und Kunst der Moderne und Postmoderne. Tübingen, Basel: Francke, 2004.

Hassan, Ihab: The Postmodern Turn. Ohio: The State University Press, 1987.

Hölter, Achim: „Kritische Marginalie. Zum Motiv der Bibliothek in der Literatur". In: ARCADIA 28 (1993): S.65-72.

Hölter, Achim: Die Bücherschlacht. Ein satirisches Konzept in der europäischen Literatur. Bielefeld: Aisthesis, 1995.

Ickert, Klaus; Schick, Ursula: Das Geheimnis der Rose entschlüsselt. Zu dem Weltbestseller „Der Name der Rose". München: Heyne, 1989.

Jochum, Uwe: Kleine Bibliotheksgeschichte. Stuttgart: Reclam, 2007.

Jochum, Uwe: Geschichte der abendländischen Bibliotheken. Darmstadt: Wissenschaftliche Buchgesellschaft, 2010.

Jochum, Uwe: „Die Entmaterialisierung der Bibliotheken". In: MB NRW 3 (1993): S. 236-244.

Käsler, Dirk: „Wo das Wissen wohnt.". In: STERN 41 (1992): S. 250.

Kliemann, Horst (Hg.): Stundenbuch für Letternfreunde. Berlin, Frankfurt am Main: Linotype, 1954.

Kluth, Rolf: „Die Freihandbibliothek". In: ZfBB 7 (1960). S. 89-110.

Knapp, Margit: „Von Lesern und Idioten. In der Tradition der Geschichtenerzähler aus der Emilia: Zwei Romane von Ermanno Cavazzoni“. In: Spiegel Spezial 10 (1994): S. 49-51.

Kotte, Christina: Ethical Dimensions in British Historiographic Metafiction. Trier: WVT, 2001.

Kriebisch, Gerd: „Das Bild der öffentlichen Bibliotheken in der Schönen Literatur“. In: Buch und Bibliothek 23 (1971): S. 957-959.

Kroeber, Burkhard (Hg.): Zeichen in Umberto Ecos Roman „Der Name der Rose“. München: Dtv, 1989.

Leyh, Georg (Hg.): Handbuch der Bibliothekswissenschaft. Band 3.2. Wiesbaden: Harrassowitz, 1957.

Link, Jürgen: „Literaturanalyse als Interdiskursanalyse. Am Beispiel des Ursprungs literarischer Symbolik in der Kollektivsymbolik“. In: Jürgen Fohrmann, Harro Müller (Hg.): Diskurstheorien und Literaturwissenschaft. Frankfurt am Main: Suhrkamp, 1988. S. 284-307.

Löser, Christian: „Schreib-Auskunft“. In: Neue deutsche Literatur 7 (1993): S. 53-55.

McLuhan, Marshall: Die Gutenberg-Galaxis. Das Ende des Buchzeitalters. Düsseldorf, Wien: Econ, 1968.

Mehring, Walter (1952): Die verlorene Bibliothek – Autobiographie einer Kultur. Frankfurt am Main, Berlin, Wien: Ullstein, 1980.

Mittler, Elmar: „Moderne Bibliotheksplanung". In: ZfBB 19 (1972): S. 260-284.

Mittler, Elmar: „Entwicklungstrends im Bibliotheks- und Informationswesen". In: Bibliothek 6 (1982): S. 123-126.

Molz, Kathleen: “Of an end and a beginning”. In: Wilson library bulletin 42 (1968): S. 982-1017.

Mummendey, Richard: Von Büchern und Bibliotheken. Darmstadt: Wissenschaftliche Buchgesellschaft, 1964.

Nora, Pierre (Hg.): Les lieux de mémoire. Paris: Gallimard, 1984-1992.

Oppenheim, A. Leo: Ancient Mesopotamia. Portrait of a dead civilization. Chicago: The University of Chicago Press, 1971.

Otten, Heinrich: „Bibliotheken im alten Orient". In: Das Altertum 1.2 (1955): S. 67-81.

Rieger, Dietmar: Imaginäre Bibliotheken. Bücherwelten in der Literatur. München: Fink, 2002.

Rothstein, Mervyn: "Best Seller Breaks Rule On Crossing The Atlantic". In: The New York Times (31.01.1991): S. 22.

Schmidt, Gerd: „Waffenlärm und Grabesstille. Buch und Bibliothek im Spiegel der Metapher". In: Philoboblon 34 (1990): S. 3-12.

Schmidt, Gerd: „Grabmal, Zeughaus, Apotheke: Beobachtungen zur Bibliotheksmetaphorik". In: Graham Jefcoate, Peter Vodosek (Hg.): Bibliotheken in der literarischen Darstellung. Wiesbaden: Harrassowitz, 1999. S. 167-188.

Schmitz-Emans, Monika: „Lesen und Schreibens nach Babel. Über das Modell der labyrinthischen Bibliothek bei Jorge Luis Borges und Umberto Eco". In: ARCADIA 27 (1992): S. 106-124.

Seefeldt, Jürgen; Syré, Ludger: Portale zu Vergangenheit und Zukunft. Bibliotheken in Deutschland. Hildesheim: Georg Olms, 2007.

Stempel, Ute: „Die Bibliothek als Tollhaus. Die bösen Phantasien des Universitätsdozenten Ermanno". In: Süddeutsche Zeitung (17.08.1995): S. 14.

Stocker, Günther: Schrift, Wissen und Gedächtnis. Das Motiv der Bibliothek als Spiegel des Medienwandels im 20. Jahrhundert. Würzburg: Königshausen & Neumann, 1997.

Stocker, Günther: „Das Motiv der Bibliothek in der Literatur des 20. Jahrhunderts". In: Weimarer Beiträge 4 (1998): S. 554-574.

Tredell, Nicolas: Conversations with Critics. Manchester: Carcanet, 1994. S. 58-74.

Vodosek, Peter: „Vorwort". In: Graham Jefcoate, Peter Vodosek (Hg.): Bibliotheken in der literarischen Darstellung. Wiesbaden: Harrassowitz,1999. S. 7-8.

Wattenbach, Wilhelm: Das Schriftwesen im Mittelalter. Graz: Akademische Druck- und Verlags-Anstalt, 1958.

Wegmann, Nikolaus: Bücherlabyrinthe. Suchen und Finden im alexandrinischen Zeitalter. Köln, Weimar, Wien: Böhlau, 2000.

Welsch, Wolfgang: Unsere postmoderne Moderne. Berlin: Akademie, 1997.

Wolfzettel, Friedrich: „Emanzipation und Selbstentfremdung durch Lesen. Die autobiographischen Romane von Annie Ernaux". In: Angelika Rieger, Jean-François Tonard (Hg.): La lecture au féminin. Lesende Frauen. Darmstadt: Wissenschaftliche Buchgesellschaft, 1999. S. 249-266.

Zima, Peter V.: Moderne / Postmoderne. Gesellschaft, Philosophie, Literatur. Tübingen, Basel: Francke, 1997.

3. Lexika

Dickhaut, Kirsten: „Bibliothek". In: Günter Butzer, Joachim Jacob (Hg.): Metzler Lexikon literarischer Symbole. Stuttgart, Weimar: Metzler, 2008. S. 43-44.

Frenzel, Elisabeth: Motive der Weltliteratur. Ein Lexikon dichtungsgeschichtlicher Längsschnitte. Stuttgart: Kröner, 2008.

Gumbrecht, Hans Ulrich: „Postmoderne". In: Jan-Dirk Müller (Hg.): Reallexikon der deutschen Literaturwissenschaft. Bd. III. Berlin, New York: Gruyter, 2003. S. 136-140.

Luchsinger, Martin: „Thomas Lehr". In: Heinz Ludwig Arnold (Hg.): Kritisches Lexikon der deutschsprachigen Gegenwartsliteratur. Band 8. München: Edition Text und Kritik, 2007.

Rippl, Gabriele: „A[ntonia] S[usan] Byatt". In: Axel Ruckaberle (Hg.): Metzler Lexikon der Weltliteratur. Band 1 A-F. Stuttgart, Weimar: Metzler, 2006. S. 231-233.

Schmid, Susanne: „Antonia Susan Byatt". In: Ute Hechtfischer, Renate Hof, Inge Stephan, Flora Veit-Wild (Hg.): Metzler Autorinnen Lexikon. Stuttgart, Weimar: Metzler, 1998. S. 80-81.

Schweikle, Günther und Irmgard: Metzler Literatur Lexikon. Stuttgart: Metzler, 1984.

Wilpert, Gero von: „A(ntonia) S(usan) Byatt". In: Gero von Wilpert (Hg.): Lexikon der Weltliteratur. Bd. 1. Stuttgart: Alfred Kröner, 2004. S. 297.

Walter, Jens: „Melusine". In: Jens Walther (Hg.): Kindlers Literatur Lexikon. Bd. IV. Kindler: Zürich, 1968. S. 2364-2369.

4. Internetquellen

http://www.bibalex.org
(Website der neuen Bibliothek in Alexandria)
[Stand: 05.10.2010]

http://www.bpb.de/files/0FW1JZ.pdf
(Bundeszentrale für politische Bildung, Assmann, Aleida: „Soziales und kulturelles Gedächtnis")
[Stand 17.01.2010]

http://www.britishmuseum.org/research/libraries_and_archives.aspx
(Verzeichnis der Bibliotheken und Archive des British Museum)
[Stand 17.01.2010]

http://www.dwlib.co.uk/dwlib
(Website der Dr. Williams's Library)
[Stand 17.01.2010]

http://www.library.lincoln.ac.uk
(Verzeichnis der Universitätsbibliotheken von Lincoln)
[Stand 17.01.2010]

http://www.londonlibrary.co.uk
(Website der London Library)
[Stand 17.01.2010]

http://www.news.de/fotostrecke/850690678/der-tempel-des-wissens/1
(„Berlins Mega-Bibliothek. Der Tempel des Wissens". Fotostrecke zur Bibliothek der Humboldt-Universität Berlin vom 13.10.2009)
[Stand 17.01.2010]

http://www.spiegel.de/wissenschaft/mensch/0,1518,690061,00.
(Musa, Bernd: „Bibliothek von Alexandria. Die gewagte Mission des neuen Wissenstempels" (Spiegel Online vom 25.04.2010))
[Stand 17.01.2010]

http://unesdoc.unesco.org/images/0012/001296/129679e.pdf
(Bericht der UNESCO zum Schutz des digitalen Erbes)
[Stand 17.01.2010]

http://www.uni-giessen.de/romanistik/frank/bibliotheksprojekt.html
(Beschreibung und Publikationsverzeichnis des Projektes „Das Motiv / Thema der Bibliothek in der fiktionalen Literatur" des Institutes für Romanische Philologie)
[Stand 17.01.2010]

Diese Arbeit widme ich meiner geliebten Frau, die mich auf meinem Weg stets begleitet und ermutigt hat.
Des Weiteren möchte ich mich bei Andrea, Marika und Corinna, bei Katja, Ninja und Lisa, meinen Eltern, Markus und Sabrina und meiner Großmutter für ihre Unterstützung bedanken.

Zeitfracht Medien GmbH
Ferdinand-Jühlke-Straße 7
99095 Erfurt, Deutschland
produktsicherheit@kolibri360.de